東大生を待ち受ける不愉快な現実とそれを乗り越えるために必要なこと

中村　拓也著

とりい書房

はじめに

40年ぶりに東京大学の入学式に列席しました。

40年前は自分の入学式。そして今回は長男の入学式……両親としての参列です。どちらも場所は日本武道館でした。五神総長の式辞は、私が言うのも僭越ですが、内容もあり格調高いものでした。後日にマスコミ各方面で取り上げられた上野千鶴子氏のスピーチも興味深かったです。このようなスピーチが許されるのも、東京大学の懐の深さでしょう。教養学部長のスピーチも、新入学生にとっては嬉しかったに違いありません。

やはり東京大学は、学問をしたい人間にとって素晴らしい学び舎なのだと再認識しました。

個人的には、東京大学は学問を究めるなら極めて優れた環境ではありますが、多くの学生にとってそのような幸福は一生続かず、社会に出たときに彼ら自身が遭遇するであろう様々な困難を考えると、複雑な心境になりました。

今は難関を突破し、ある意味で選ばれた彼らたちも、そのような優位性は社会に出ると非常に小さいもの。その現実を、どれだけの新入生が理解して今の場にいるのでしょうか。

そんなことを考えながら、立派な、そして内容のあるスピーチを聞いていました。特に自分の息子がその一人であることが、その想いをより強くしていたように感じます。

本書は、これまでの私の、サラリーマンとしては失敗したと言わざるを得ない経験をベースに執筆しました。

息子を含む東大生が読むことを念頭において、東大生が認識していないだろう、少なくとも私が学生であった当時は認識していなかった、社会に旅立ったときに待ち受けているであろう不愉快な現実と、それを乗り越えるために必要な一つの方法を伝えるために書きました。

その意味では、ここに書かれていることは誰にでも当てはまることではないし、私にとっての事実は、私に都合のいいことでしかないかもしれず、ある時期ある状況だけで起こったことなのかもしれません。

ですから、読者が自分の頭で考え咀嚼し、必要であれば検証し、役に立つと思われたなら参考にしていただけると幸いです。

もくじ

第3章　東大生よ、一馬力ワールドから抜け出そう！

第4章　自宅を購入する前に1棟を購入する

第5章　3億円の投資が未来の選択肢をつくる

序　章

こうして私は家賃収入2億円超の大家になった

想定利回り10％で全資産を評価した場合6億7058万円の資産超過

【毎年の損益の評価】

- 年間家賃収入（満室想定）：
  2億3306万円（借入金返済額年間1億1600万円）
- 年間実質家賃収入（2019年9月時点のレントロール×12）：
  2億1000万円
- 実質家賃収入ベースの税引き後、手元キャッシュ残約2000～3000万円/年（今後5年間の予想値）
  年間元金返済額は約8900万円
  購入総額に対する現時点の想定満室利回り：9・78％

【自宅資産の評価】

- 土地の平成30年度路線価ベースの積算価格：2億3858万円

【自宅負債の評価】

- 住宅ローン借入金残額（2019年12月末時点）：2752万円

【自宅純資産の評価】

- 土地の路線価に基づく評価：2億1106万円の資産超過

さらに投資効率の観点から、自己資本利益率（ROE）、総資本利益率（ROA）を評価してみました。デフレの時代が多く含まれているので過去の割引率は0で単純化しました。

25年間の不動産投資の成果

1994 年 4 月に不動産投資を開始して、かれこれ 25 年が経ちました。2019 年 12 月時点までの成果をバランスシート的にまとめると次のようになりました。ちなみに資産としての自宅は別途評価しています。

【資産の評価】

- 2019 年 12 月の時点で所有している物件の購入総額：
  23 億 9361 万円（家賃収入金額ベースで 82% の物件が東京 23 区所在）
- 土地の平成 30 年度路線価ベースの積算価格合計：
  18 億 6625 万円（うち東京 23 区所在分が 15 億 4558 万円）
- 建物の平成 30 年度固定資産税評価額ベースの価格合計：
  4 億 6078 万円

【負債の評価】

- 借入金残額（2019 年 12 月末時点）：
  16 億 6008 万円（加重平均の借入残期間：19・21 年、借入平均金利 1・818%、うち、10 億 23 万円が変動金利）

【純資産の評価】

- 上記土地建物積算評価に基づく評価：
  5 億 6695 万円の資産超過
- 収益還元評価に基づく評価：
  想定利回り 9% で全資産を評価した場合 9 億 2955 万円の資産超過

今回は会社の評価ではなくて、個人の評価なので、以下のように純資産をこれまでに私が投下した自己資金とすると、

【これまでに投入した自己資金の総額】

- 25年間で投入した自己資金合計：約1億9000万円

となっているので、これを純資産とみて修正した場合は、
修正後の自己資本利益率（ROE）=55.3%
修正後の総資本利益率（ROA）=5.7%
とかなり優良な数字になります。

さらに

【これまでに得られた収益の総額】

- 25年間で得られた税引き後キャッシュフロー合計：約1億5000万円

となっているので、過去25年間に投入した自己資金は、4,000万円を残してすでに回収済みということになります。

もともとサラリーマンがゼロから始めた不動産投資としては、納得のできる成果を出していると思っています。

25年間の不動産投資の成果

【資本の評価】

- 純資産：約 6 億 7000 万円（収入還元ベース）
- 借入金残額（2019 年 12 月末時点）：16 億 6008 万円

【今後得られる収益】

- 税引き後キャッシュフロー：約 2000 ～ 3000 万円
- 毎年の含み益増加（残債の減少―建物価値の減少）：約 8000 万円

上記より、自己資本利益率（ROE）、総資本利益率（ROA）を求めると、

【現時点の評価】

- 純資産に対するリターンを毎年約 1 億 500 万円とすると、自己資本利益率（ROE）=105,000/670,000 = 15.7%
- 総資本利益率（ROA）は純資産＋借入の総額に対するリターンなので、
  105,000/(670,000+1,660,080) = 4.5%

一般に、ROE が 10% を超えると投資価値があると判断されます。また、ROA は 5% を超えると、その会社は投資価値があると判断されます。

不動産事業は借り入れが多いので、高 ROE で低 ROA になりがちです。このことを考えても私の事業はまあまあの線をいっているのかなと思います。

第1期

購入総額1億円から3億円へ（1994年から1997年）初期に購入した物件

私が不動産投資を知ることになったのは、1993年のことです。

1991年から1993年まで、私はアメリカに駐在していました。その少し前までは日本がバブルの絶頂期を迎えていたものの、毎日が残業続きで働いており、そのご褒美的な意味でアメリカに行けることになったのです。

1993年の夏に帰国し、1994年の4月に初めての収益物件を購入しました。

このころの私にとって不動産投資は、「将来、もしサラリーマンとして出世ができなかったら、50歳くらいで第2の人生をやり直すためのヘッジ」として位置づけており、その来る年まではあくまで兼業として行うスタンスだったのです。このためローンは50歳、すなわち2011年頃までに完済する目標を立てていました。

帰国後に初めて購入した物件は、1680万円の港区にある区分所有のワンルームマンションです。融資は三菱銀行（現、三菱UFJ銀行）から受けました。

1978年築で広さは約27㎡でした。購入前は家賃を11万円に想定していたのですが、購入直後でも10万円程度。そこからデフレの時代が続いたので、築年が経つにつれて7万9000円まで下がりました。

この物件は25年所有し、つい最近に1500万円で売却したのですが、そのときの家賃は7万9000円で利回りは約5・5%でした。

2つ目の物件は、最初の物件を購入した2カ月後、世田谷区若林にある一棟アパート、9800万円の物件です。融資は第一勧業銀行（現在のみずほ銀行）から受けました。

これは、たまたま新聞の折込チラシに書かれたアパート情報を元に購入したものです。

1990年築の木造2階建アパートで、ロフト付きワンルームが10部屋。利回りは8%強ありました。計算をしてみると「これは良い投資になるのでは？」と思いました。現在の利回りは約7・5%です。

振り返れば、美容師をしていた私の叔母が家作（人に貸して収益をあげるためにつくった持ち家）を所有していたことが、私の不動産投資への抵抗を和らげてくれたのだろうと推測します。

人間というものは周りの環境の影響を受けやすい動物です。身近な親戚に自宅以外の不動産を持っている人がいたため、「不動産賃貸業」といっても特別なイメージを抱きませんでした。

当時はバブルが崩壊して土地の価格が右肩下がりになっていたものの、不良債権の処理はまだ本格化せず、先送りされている時代でした。そのため、融資先も三和銀行、第一勧業銀行、富士銀行など、合併する前のメガバンクがいくつも候補として挙げられました。

私の勤めていた会社は新橋にあり、外堀通りのガード下から霞が関ビルに向かうと、銀行が何十軒も立ち並んでいたのです。

とはいえ、私に融資のつてや紹介があったわけでもなく、それらの銀行を片っ端から回りました。あまりに積極的に回っていたので、融資課長などからは「どうしてサラリーマンのあなたがこんなことをするのですか？」と首をかしげ、数え切れないほど質問されたものです。

それに対して私は「投資として見合うからです。つまり、いい投資だからですよ！」とシンプルに回答していました。当時の銀行の課長さんたちがその後どうなったのかは知る由もありません。

実は最初の区分所有物件を購入してから、私は管理組合の理事を務めていました。しかし、他の区分所有者はほとんど理事会任せで、自分の資産であるにも関わらず管理組合の活動にほとんど関心がない状態でした。マンションの管理はいい加減な管理会社に丸投げの状態だったのです。

その後に苦労して適正な価格の管理会社に変え、大規模修繕を実施し、1階の駐車場を不法に占拠していた以前の所有者から裁判で駐車場を取り戻したりもしました。このようなことをしても多くの区分所有者は無関心なのです。

この経験から、「日本のマンションでは管理組合は機能しないな」と痛感したことも、その後に一棟不動産へ舵を切った大きな理由です。

そもそも私がこれらの物件を買えたのは、海外赴任時代に基本給とは別に「海外赴任手当」が支給され、日本で支給される基本給をほとんど使うことなく自己資金を貯めることができたからです。

また、学生時代に塾の講師や家庭教師のアルバイト代で、結構なお金を貯めていた経験もあると思います。

話が少し逸れましたが、世田谷区の一棟アパートを購入したときの私は33歳で、ローン期間は20年でした。土地は115㎡あり南側道路に面しており、三軒茶屋駅から徒歩13分、若林駅からは徒歩1分でした。

当時の私が1億円近くの融資を受けることに不安がなかったといえば嘘になりますが、「15年ほど返済して、残債が2000〜3000万円になれば、その値段で土地を買ったと思えばいい」と考えていました。また、たとえ失敗しても自宅用の土地として使えればいいと考えていました。

ちなみに当時は現在のような投資家向けのアパートローンなど存在せず、地主のためのローンしかありませんでした。

また、今はキャッシュフロー重視となり、返済比率は収入の50〜60%の間に設定しますが、当時は返済比率が70%であれば問題ありませんでした。

それで利回り8%であれば20年、10%であれば15年程度のローンが組めたのです。

私が不動産投資を始めたのはまだ高金利の時代で、金利のヘッジは非常に気にしていました。ですから「ローンを組み立てるときは、なるべく短く！」が鉄則でした。

例えば、15年ローンを10年固定金利で借入れすると、ほぼ金利リスクは無くなります。すなわち10年後になれば残債が約３分の１になります。ここまで返済を済ませれば、たとえ金利が2倍、３倍になったとしても返済額に大きな影響はありません。

このようなシミュレーションを当時はかなり考えていました。なにせ当時のアパートローンは４％くらいが通常で、いつ６％、８％に戻ってしまうのかわからない状況だったからです。

さらに続けて物件を購入

一棟物件を購入したのをきっかけに、チラシ以外のところからも物件情報が入るようになりました。

当時は今のように物件情報がインターネットに出回っている時代ではありません。業者間でやりとりされている任意売却物件等の〝処分待ち物件〟情報を業者から、もしくは競売物件の情報を新聞から得ていたのです。

続いて1996年12月に購入したのは、江戸川区にある4階建ての鉄骨造物件です。これは任意売却物件で価格は8500万円、土地の広さは50坪。都営新宿線の船堀駅から徒歩10分、1987年築のファミリー向け2DK×8部屋の物件です。当時の利回りは10％で、現在は約9％。

3棟目として1997年9月に購入したのは、世田谷区北烏山にある任意売却物件です。土地の広さは60坪、京王線千歳烏山駅から徒歩10分にあり、1987年築の木造2階建アパート。これはロフト付きワンルームが14部屋あり、当時の利回りが10％で、現在は約8・5％です。

この時点までの投資額は約3億円、利回りを平均すると9％強でした。家賃収入が2600～2700万円でしたので、ローン返済や税金を支払うと数百万円は残るものの、稼働率が悪い年は100～200万円が残る状況でした。

その当時の世田谷ですと、敷金・礼金ともに2カ月を取ることも当たり前にできていました。しかし、徐々に年数が経つにつれて家賃は下がり、収支が悪化していきました。

とはいえ、利回り10％近くで買っていれば、多少のリスクがあっても十分吸収できるので、ほぼキャッシュアウトすることはありません。

実際に１９９４年から不動産投資を開始した後、税引き後でキャッシュアウトしたのは２００６年の１年のみで、それも約70万円でした。経年的に家賃が低下していたことと、この年は単身赴任中でもあり管理が手薄になっていたのが要因であると考えられます。

そんなわけで今でもそうですが「収益物件を買うのなら、利回り10％以上！」が基準となっています。

ただし東京23区にあり、利回り10％以上で投資に値する条件をクリアしている物件などそうそうにありません。

それでも、不況になって銀行が融資を締めると、物件価格は下落して利回りが上がります。それ以外でも、相続などの資産整理で売り急いでいるケースがあります。

したがって、景気動向・金利動向・融資の出し方……そして個別の物件情報を継続的にウォッチしていると、良い条件の物件を買えるタイミングが必ずやって来るものです。

私はそれを続けて、現在でも物件全体で、つまり総購入価格に対して現時点の想定家賃収入は、トータルで9・78%を維持しています。

当時は興味のある物件情報が出ると、現地に電車で出かけて周辺環境をチェックしたり、賃貸付の状況などを駅前の不動産屋で確認をしていました。

最近では23区の事情をほとんど把握しているので多少は手抜きをしています。住所と利回り、融資が付くかどうかの判断だけで買付証明書を出しています。さすがにその後は現地まで確認に行きますが。

9年間の停滞～自宅購入、そして単身赴任

最初の3年くらいまでは順調に買えていたのですが、1990年の後半から約10年間は買い進めることができませんでした。日本の銀行における不良債権の処理が本格化したからです。

その当時は、国中が不良債権の処理で躍起になっていました。現在も「融資が厳しい!」と嘆かれますが、その比ではありません。銀行も生き残りを懸けた戦いをしていましたから、不動産に対して新しい融資をする考えは一切ありませんでした。

そのような事業用の物件購入が困難な中で、私は1999年に自宅の土地を購入し、

２００1年に建物を建築しました。ここは旗竿地だったものの、品川駅から徒歩10分、山手線の内側の95坪の土地が７８００万円でした。

破格の値段でしたが、当時は銀座や六本木のビルでも利回り12％、西麻布でも10％以上の一棟マンションが大量にありました。安いけれど融資が付かないので、事業用の物件は、融資が前提の投資家には買えなかったのです。

まだまだインターネットで情報が手軽に入手できず、外国人投資家も参入していない時代です。限られた日本人投資家だけしか市場に参加していなかったので、不動産価格は底が抜けた状態になっていたのです。

もしこのときに億単位のキャッシュを持っていて、六本木や西麻布の高額物件を買えていたなら、今ごろ大変な恩恵を受けているでしょう。

そんな時期になぜ私は自宅を購入できたのかというと、会社の提携する銀行の住宅ローンがバブルの残滓で、土地だけで５０００万円まで借りられたからです。

加えて、持家財形貯蓄が１３００万円ほどあり、両親や叔母から１５００万円ほど借りて購入することができました。

土地さえ買えれば今と同じで、住宅支援機構（当時は住宅金融公庫）なら建物を１００％融資してくれました。これが銀行であれば、先にアパートを買っているとローンが引けない可能性も高いのですが、支援機構ならそんなことはありません。

実業家で国土交通省の委員も歴任された沖有人《おきゆうじん》さんの本には、これと同じように自宅として、東京都心のマンションを購入して、市場のゆがみを利用し「サヤ取り（アービトラージ）」する戦略が書かれてありました。

ここでのサヤ取りとは、アベノミクス効果で値上がりする都心の自宅マンションを購入し、値上り後にその自宅を売却して、その差額で儲ける投資法です。税金上も自宅の売却益については、2年ごとに3000万円控除が使えるので有利になります。

サヤ取り方式は、みんなが気付いて同じことをやる人間が増えてしまうと、市場のゆがみがなくなりサヤがなくなってしまいます。

また、アベノミクスの低金利政策で都心のマンションが高騰しましたが、そういう特殊な時期、かつ値上りするのが都心のマンションに限られることを見極める能力、そして”運“が求められます。

さらに言えば、現時点では、私の経験から都心の新築マンションの値段はほぼピークだと思います。それなりの収入があるサラリーマンが、たとえ夫婦二人の収入を前提にしても買える値段ではなくなってしまいました。

先日、東京建物株式会社が建てた新築マンションを千代田区一番町で見てきましたが、最上階の14階は１４０㎡くらいで5億６０００万円と聞いて唖然としました。

不動産というものは使った分だけ価値が落ちるのは当たり前の話で、それは自宅でも投資用不動産でも、建物の価値は必ず落ちます。

幸運にして私のように都心で自宅の土地を安く買えれば、後のキャピタルゲインでそれを補うこともできます。私の自宅の含み益は少なく見積もっても、土地のみを路線価ベースで考えても1億円以上になるのではないでしょうか。

そう考えると、収益を生まない自宅は後回しにして、先に投資用不動産を購入すべきだと思います。

利回り10％以上で回る事業用の不動産であれば、まずマイナスキャッシュフローになることはありませんし、20年程度でローンを組めば、年間で約４％はローンの残債が減っていきます。その効果を考えると、使った分だけ価値が落ちてもそれを十分に補えます。

２００1年5月に延べ床面積２４０㎡の地下室付きの自宅を建築した私は、２００1年7月から２００６年7月までの5年間を青森で単身赴任の身となりました。

よくマイホームを持つと転勤を命じられるサラリーマンの都市伝説がありますが、正しくその通りの展開です。やはり遠隔では、融資情勢もよくない中で条件のいい不動産を買うことは困難でした。

こうして新規の不動産購入の観点からは外れた長い停滞期に入ったのです。

住宅ローンをどう考えればいいのか

先述の沖有人さんは「アパート投資は儲からない」という内容のコラムも書いていらっしゃり、私もその内容に共感しました。

それは私が最初に買った区分所有マンションレベルの投資についてです。「初めにそのような収益物件を買ってしまうと、その後は銀行から住宅ローンが借りられない」とも書いてありました。

しかし私の意見を言わせていただければ、普通のサラリーマンが副業で不動産投資をする場合でも、基本的に「フラット35」という住宅ローンは借りることができます。

フラット35とは、住宅金融支援機構と民間金融機関が提携して扱っている住宅ローンで、金利は全期間固定が特徴です。住宅支援機構は、一般的にお金が借りにくいとされている自営業者に対しても、収入条件が満たされれば必ず貸します。

実際、私も区分所有マンション1室と3棟の収益物件を買って、その後に土地からマイホームを購入しました。

その土地は、勤め先が提携する銀行から融資を受けられたこともあり幸運でしたが、そこで手持ちのキャッシュをほぼすべて使い果たしてしまいます。そこで建物は、当時の住宅金融公庫からの１００％融資で建てました。

これを土地からの一戸建てではなくマンションにすれば、いったん土地を購入するプロセスがいらなくなるため、総額が８０００万円以下のマンションであれば住宅金融支援機構から融資が受けられます。

不動産所得が赤字にならない限り、ラストリゾートともいえる住宅支援機構を使って、サラリーマンの収入だけで住宅ローンは借りることができます。私が自宅を購入する前に1棟目を投資アパートにしたのは正しい選択だと思っています。

稼働率向上を重視した管理へ

話が逸れましたが、１９９０年代後半からの10年間は、所有物件をうまく運用する期間でした。そうはいっても家賃は下がる一方ですし、敷金・礼金が取れなくなっていたので収益は下落基調にありました。

例えば、世田谷区・若林のアパートは、ロフト付きの小さい13㎡、3点ユニットの部屋で、購入時は1室7～7万3000円の家賃がついていました。それが今では、平均5万8000円まで下がっています。

そんなこともあり、できるだけ収入を上げるために高稼働を目指したり、経費を削減するために安いリフォームを行う業者を探すことになるのです。

私が不動産投資を始めたころは、サラリーマンをしているとクレーム対応が難しいので、すぐに駆けつけてくれる駅前の不動産屋さんに、物件の管理と賃貸付の両方を任せていました。

ところが経験を積むにつれ、どこの管理会社でもクレーム対応はできることがわかりました。苦情の1次対応についてはできることが当たり前で、重要なのは1次対応してくれたあと、「どのようなリフォーム業者に依頼するのか?」なのです。

デフレが始まった2000年代に入ると、管理会社に最も期待することが変わってきました。すなわち、稼働率を上げてくれる管理会社を求めるようになったのです。

駅前にある多くは古くからの不動産屋さんで、自ら営業しに行くような努力をしません。

昔はそれで良かったのです。賃貸需要が供給よりも圧倒的に上回っていたので、言い方は悪いですが「駅前に店を構えて口を開けて待っていれば、借り手がどんどんやってくる時代」だったのです。

しかし、そうした営業スタイルの管理会社に任せていると稼働率は落ちる一方ですし、改善する見込みも薄そうでした。

そこで、管理会社に第一に期待することが「苦情の１次対応」から「稼働率をいかに上げてくれるか。客付けをどれだけしっかりしてくれるか」に変わっている現状に相応しい管理会社を探して、そこに変えていったのです。

その結果、私は今、２社の管理会社へ委託して、およそ３：１の比率で分けています。大手になり過ぎると現場スタッフの質が悪かったり、営業担当の入れ替わりが激しいので、そこそこの規模感がいいと思っています。

コストパフォーマンスを考えて、リフォーム会社をきちんと選ぶことの重要性に気づいたのもこの時期です。

最近は、都心の新築物件の家賃が非常に高い状況になっています。新築物件では高くなった土地と建物をベースに利益を乗せて、売り手の都合で価格が決まります。その一方で、買うに値する想定利回りにするには、高い家賃設定にするしか手立てがありません。

この結果、部屋を借りてくれる入居者を苦しめる高い家賃設定になってしまうのです。

そうすると、私の物件のような「築古でもそれなりに建物をメンテナンスし、室内も原状回復でキレイにしている適正価格の23区の部屋」の稼働率が高まることになります。

第2期 不動産投資を再開、購入総額7億円へ（2007年から2009年）

2001年5月に自宅を建築した後で、同年の7月から2006年7月までの5年間にわたる単身赴任を終了し、私は東京の本社勤務になりました。

このころはまだサラリーマンとして出世をあきらめたわけではなく、まだナイーブに「最終的には優秀な人間が偉くなる！」と信じていました。そのため、不動産投資をする際の原則は、あくまで第1期と同じく「兼業」が前提でした。

私が収益不動産を再び買えるようになったのは２００７年のことです。２００７年以降は、ほぼ1～2年毎に1件ずつのペースで買い進めています。

この時期に何があったのかというと、リーマンショック前のプチバブル期で、融資が開いている金融機関がそれなりにありました。

２００７年に購入した物件（その１）

まず、２００７年9月に購入したのは野村不動産が持ってきた物件で、板橋区のほぼ一棟の4階建ＲＣ造、厳密には区分マンションでした。１９９２年築の総額2億４０００万円ほどのワンルーム中心の物件で、当時、現時点とも約９・６％の利回りです。全体の85％ほどを私が所有したのですが、２～３の部屋が前の地主から他の持ち主に移っていた状況でした。

ほぼ一棟に近いけれども厳密にいうと区分所有です。野村不動産の紹介で横浜銀行から20年のフルローン、３・５％の全期間固定金利で組みました。

悪質な横浜銀行の融資

この融資が問題でした。

後日、この横浜銀行からの融資を借換えようとしたら、違約金として3・5%と、そのときの国債金利0・3%の差である3・2%が全期間で発生するとのこと。

違約金がトータルで40%以上にもなってしまうのです。確かに、固定金利の覚書には、貸出金利と市場金利との差を固定期間全期間にわたり計算し、それを解約の際の違約金とする旨の記載がありました。

明らかにおかしいのは、「貸出金利」はリスクのある個人投資家に対して設定されたもの、つまりリスクの高い私のような相手に対する金利である一方で、「市場金利」は理論的にリスクゼロの国債金利としていることです。

これだと借換えをして、横浜銀行がいう通りの違約金を支払うと、横浜銀行はリスクの高い相手に対する金利を全期間取れた上に、手元には残債分のリスクフリーの国債が残る状況になるのです。

理論的にいえば、「市場金利」は私と同じようなリスクを持つ投資家へ新たに貸す場合の、その時点のアパートローンの金利であるべきなのです。

これでは一方的に横浜銀行が有利な金消契約で、優位な立場を利用した契約です。消費者保護の観点からも問題ですし、真っ当な企業としてはかなり悪質。今はやりのコンプライアンス上においても問題だと思うのです。

固定金利の覚書には「市場金利」と書いてありますが、「国債金利」とは書いてありません。他の金融機関では、過去に第一勧業銀行の期間固定の借入れを借換えたことがあるのですが、違約金としては、私への貸出金利と、借換え時点のアパートローンの金利の差額を、残った固定期間について支払いました。

これが理論的にも正しく、貸し手と借り手の両方が対等であるのではないでしょうか。当時、知り合いの弁護士に相談したところ「裁判ならそんなに発生しないかもしれない。ただし、いったん違約金を払い、損害を受けないと裁判を起こせない」とアドバイスされました。

ここまで酷い仕打ちをするのは横浜銀行だけでしょう。この返済が終わったら「横浜銀行とは今後一切の付き合いをしないこと！」を我が家の家訓にしました。

3・5％であっても金利は経費ですから、住宅ローンと違って黒字経営ができているのであれば仕方がないとも考えられます。何より大事なのはお金を貸してもらうことです。

仮にその金利が5％程度であればキャッシュアウトしてしまう可能性もありますが、現時点で9・6％の運用ができているので、それくらいの利回りならまだ利益は出ます。

この物件の最寄り駅は小竹向原ですが、タイミングよく副都心線が開通して交通手段が便利になりました。賃料は購入時とほぼ変わらず、稼働率も100％を維持しています。

2007年に購入した物件（その2）

続けて、2007年11月に購入した東京都世田谷区八幡山の2階建木造アパート2棟（1978年と1995年築）は、約100坪の旗型の土地に立地しており、旗の竿部分が20メートル以上もあります。その場合は、幅が3メートルないと再建築不可になります。

通常、旗竿地は竿部分の幅が2メートル以上あれば一般の住宅や長屋は建設可能なのですが、竿の長さが20メートルを超えると、東京都の安全条例では必要な幅が3メートル以上になるのです。

購入時は竿の幅が2・8メートルしかありませんでした。そもそも共同住宅は建たない土地で、さらに一般の住宅や長屋ですら再建築不可だったのです。それでも7650万円で利回りは11％を超えていました。

再建築不可の物件に融資をしてくれるのは、当時でもノンバンク系のライフ住宅ローン（現在の三井住友トラスト・ローン＆ファイナンス）しかなく、金利は高いものの、そこで融資を受けて購入しました。

この物件を買った理由は、幅2・8メートルの竿状の土地に沿って、隣との敷地との間に90センチの畦畔《けいはん》、つまり無番地があったのです。それを手に入れることができれば再建築可能な土地に生まれ変わります。


具体的にいうと、このような場合は、隣の地主と私には当該の畦畔について、畦畔の所有者である国、または地方自治体（世田谷区）から、半分ずつ払い下げてもらう権利があるのです。

ただし、その手続きには隣の地主と私の両者が承諾の上、払い下げの申請をしなければなりません。すなわち、私と隣の地主が了解すれば、お互い45センチの幅の土地が払い下げ価格（一般的には路線価の1／2〜2／3程度）という安い値段で手に入ることになり、私の土地は再建築可能な土地になるのです。

これは双方にとって安く土地が手に入るメリットがあるので、「通常の人間ならばそうするであろう」と考えるものですが、隣の地主は「変人」との噂が高かったのです。

また、もともと無料で土地を手に入れた地主は、そのような価格でも土地を欲しがるとは限りません。長期的に腰を据え、「将来的には払い下げられたらいい」と考えました。

当面は利回りの高さで十分なキャッシュが出るので購入を決めたのです。


この件について詳細はコラムを参照いただきたいのですが、ラッキーなことに物件購入から2年後の2009年に、90センチの畦畔31・17㎡全てを約370万円（約40万円／坪）で購入することができ、無事に再建築可の土地となりました。

このことにより、他の金融機関も担保適格と判断してくれる物件になったので、その後に低利の他の金融機関のローンへの借換えも行いました。

2008年に購入した物件

2008年に買ったのは、1979年築の千代田区一番町のマンションの地下駐車場（12台分）で、利回り10％程度で売りに出ていました。

地上5階建てのマンションの6分の1を所有していることになり、結果的に土地の持分が１０９㎡もあり、それが７２５０万円で買えました。土地持分を当時の路線価に換算すると2億円を超えていたので、将来的なマンション全体の建て替えも考慮して購入を決めました。

このような特殊な駐車場は、単体では積算による担保評価が出にくいものです。また、収益還元で評価してくれる金融機関も見つからなかったため、結局はノンバンク系のライフ住宅ローンからしか借りられませんでした。

現在、多くのマンションの管理規約において、駐車場は区分所有者全体の共有であったり、管理組合の所有であったりすることになっています。これが昔のマンションでは、マンションを分譲したデベロッパーが地下の駐車場を持っているケースがありました。

今でも、ときどきそのような駐車場が出てくるのですが、収益還元の利回り基準の値段になっています。

この駐車場の土地持分を路線価に換算すると、平成30年ベースで2・48億円になります。しかも今後にマンションの建替えが行われた際は、コンクリート代だけで一番町のマンションが手に入る可能性があるのです。

厳密にいうと、法定容積率が４００％のところで道路制限で３２０％、土地が１０９㎡

なので、単純に計算しても、自分で建替えれば350㎡程度の一番町のマンションが、建築費だけで手に入れられる可能性があるのです。

最近、このマンションを建替える検討を某デベロッパーにしてもらいましたが、デベロッパーが建替えの事業をする場合は、おおよそ50％の還元率、つまり無料で手に入るのは現在の建物の半分程度の広さになる検討結果になりました。

自分で建替えず、デベロッパーに建替えてもらった場合でも、将来的に350㎡×1／2程度の一番町のマンションが無料で手に入るのです。それまでは元値7250万円の駐車場を表面利回り10％で運用していればいいわけです。

ただし、表面利回りが10％の駐車場であったとしても、12台分の駐車場代のうち、2台分相当の管理費がかかるなどのデメリットがあります。

さらに、最初の管理マンションの規約では住民にしか貸せないことになっていました。住民が高齢化していくと、特に都心は車を持つ人も減っていきます。そうすると駐車場に空きが出てきます。この駐車場も長い間あまり高い稼働率ではありませんでした。

私も長年理事をやっているので、「理事会の承認を得る条件で、住民以外にも貸してあげてもいいじゃないですか?」と相談し、規約を少し変更してもらいました。

近隣に億ションが建設されていますが、平置きの駐車場が少なく、ほとんどが機械式の立体駐車場です。聞いたところでは、ハイルーフが停められる平置き駐車場が1台しかないそうです。

これは完全にデベロッパーの設計ミスで、最近の富裕層へのＳＵＶ（スポーツ用多目的車）販売シェアをチェックしていれば、もっとハイルーフ対応の駐車スペースを増やしていたはずです。

私の所有する駐車場は地下の平置きの駐車場です。その結果その億ションの将来の居住者用に、デベロッパーさんへ何台か貸して１００％の稼働率となっています。

駐車場で経営の観点から難しいのは、本人が引っ越してまで借りる人がいないことです。基本的に徒歩圏内の駐車場需要でしかマーケットが成立しません。ですから足りなくなると稼働率が大きく上がりますし、逆に余ると激減します。

解約もどちらかの1カ月前通告でいいので、結論として駐車場はメリット・デメリットの両方あることになります。

第3期　購入総額10億円超へ（2011年から2013年）

このころは第1期に購入した物件の返済が順次終わるとともに、比較的条件の良い物件が買えた時期です。

1996年に購入した江戸川区東小松川の物件の15年ローンを2011年に、次いで1997年に購入した世田谷区北烏山の物件の15年ローンを2012年に、そして1994年に購入した世田谷区若林の物件の20年ローンを2014年に完済しました。

そのため手元のキャッシュの余裕ができ、再投資に回せる資金も増えるとともに、「融資期間を長期化してもリスクが取れる！」と考え始めました。

また、当時はまだ都心でも利回りのいい物件が結構あり、それをうまく買えました。

併せて、サラリーマンとして出世が望めないことが明確になりつつあり、私はいつ、どうやってサラリーマン生活をクロージングするべきかを模索し始めていたのです。

2010年購入した物件

2010年には品川区東五反田の物件を購入しました。1991年築、178㎡の土地付き鉄骨造で地上3階建、地下1階付で、1K×11＋地下に事務所がある物件です。利回りは9％で1億4500万円でした。山手線の内側で、五反田駅からも徒歩10分の距離にありますし、品川駅へも徒歩10分程度です。

これは1994年から1997年にかけて購入した、当初の3棟分の融資を芝信用金庫に借換えていた実績もあり、自己資金2000万円で購入できました。この物件は2部屋を民泊として運用していることもあり、現時点の利回りは10・3％です。

2011年に購入した物件

江東区深川の物件を2011年に購入しました。門前仲町駅から徒歩で10分、1991年築の242㎡の土地付きの6階建鉄骨造です。4～6階部分は1K×10＋1～3階が事務所の物件で、利回り10％、1億8000万円でした。

真っ当な物件であるにも関わらず、三井住友ローン&ファイナンス以外はどこも融資をしてくれませんでした。

おそらく東日本大震災が起きた年で、世の中が不況だったためでしょう。

融資はその後に東日本銀行から低利のローンに借換えました。そして現在はさわやか信用金庫へ、その後の物件購入の際の共同担保としての提供物件としつつ、再度借換えしています。

この物件は、前オーナーがあまり手を入れていなかったこともあり、購入して直後の2013年に大規模修繕を迫られました。700㎡くらいある物件なので1300万円程度かかり、これは新たな借入れで対応しました。

購入以降、賃料が多少上がっており、現在の利回りが11%あります。キャッシュフロー上は問題ありませんし、大規模修繕の費用込みでも、利回りが現時点で10%を超える計算になります。

2013年に購入した物件

2013年に豊島区池袋の事務所ビルを購入しました。

池袋駅から徒歩10分の、１９８６年築の１６１㎡の土地付きの7階建ＲＣ造です。１～7階が全て事務所の物件で利回り10％、２億円でした。これは新たに仲介の不動産会社が探して来てくれた、さわやか信用金庫で融資を受けて購入しました。

池袋のビルを利回り10％で買えたわけですし、この時期くらいまでが買い時だったと思います。なお、この物件も今は賃料が上がっており、利回り12％近くになっています。

第4期　サラリーマンをやめる（2014年から現在）

第1期に購入した物件の返済が終わり、以降は、不動産からコンスタントに税引き後１０００万円超の収入を得られるようになりました。

しかし、２０１１年の東日本大震災の影響で、私の給与が２／３に減りました。反して、２０１２年から得意な英語を駆使できる海外出張が増えて仕事が面白くなりました。

私生活では上の子が、2014年に私立の医学部へ入学して必要な学費が確定しましたが、下の子の進路がまだ決まっていなかったこともあり、サラリーマンを続けていました。

私が会社をリタイアしたのは「転籍希望先の会社に受け入れを断られたから」というのが最たる理由です。2017年は満56歳を迎えようとしており、そのときに他の企業へ転籍するか、役職定年するかの選択を迫られました。

2016年、2017年に購入した物件

2013年以降はあまり良い物件がなかったのですが、2016年は西武線の練馬駅から徒歩10分、1989年築の4階建RC造の一棟マンションを3億円で購入しました。

利回りは8%でしたが、この利回りで購入を決めたのは、個人の免税業者が売主で、建物の価格を高くしてくれて減価償却がかなり取れたからです。

さらには利回り8%といっても、土地は500㎡、建物の延床面積は1000㎡あり、積算評価が出る物件でした。さわやか信用金庫がフルローンを出してくれたことも理由です。

先日、みずほ銀行に評価してもらったところ、3億2400万円の積算評価が出ました。

その代わりに私の基準からすると収益が今ひとつ芳しくないというところでしょうか。

次の物件は、２０１７年に江戸川区中葛西の医者が廃業した一棟ビルを2億円で買いました。

ちょうど私が会社を辞めるタイミングでしたが、上の子どもが医学部で学んでいたので、「将来的には自家使用で使うことも想定している」と言って、さわやか信用金庫からフルローンの融資を出してもらいました。

１９９３年築の5階建ＲＣ造ビルで、利回りは９％。葛西駅から徒歩15分と離れているものの、環七の横にあるので視認性が良い物件です。

２０１７年、２０１８年に購入したオマケの物件

２０１７年7月に江戸川区の物件を購入した後は、少し本流から外れる物件をいくつか買っています。

１つ目は、２０１７年11月に横浜市港南区の耐用年数が過ぎた2階建木造アパートを３０００万円程度で購入しました。

建物の償却費をとるために個人から買ったもので、建物の価格を高くしてもらいました。この物件は、建物を4年で償却した後、6年目に売却する予定です。既存不適格物件でしたが、利回りは11％くらいあります。

2018年3月には、千代田区一番町の区分所有の18㎡のワンルームマンションを2000万円で、建替え狙いで購入しました。

このマンションは2018年4月に建替えの決議が4／5以上の賛成で可決され、2019年3月に取り壊しが始まりました。建替えの際の権利変換において、建替え後のマンションで最上階140㎡の部屋を約2・4億円で購入する権利を確保しました。

これは短期のキャピタルゲインを狙っているのですが、問題はその資金を準備できるかです。できれば融資を引きたいものですが。2022年10月に竣工予定です。

その翌月、2018年4月には、品川区西五反田の区分所有の42㎡のマンションを3400万円で、同様に建替え狙いで購入しました。

再開発地区にあり数年先の建替えへ向かってデベロッパーと協議中です。建替え実現の可能性は5分5分でしょうか。

融資に関しては、横浜の木造は三井住友トラスト・ローン&ファイナンスで９割程度ローンがつきましたが、区分所有はみずほ銀行で購入金額の半分くらい出ました。みずほ銀行になった理由は、売買の仲介業者からの紹介です。

２０００～３０００万円と物件のロットが小さいので、そこまで気になりませんでした。あとは政策金融公庫から運転資金などの名目で１０００万円ほど借りられて、それで手元のキャッシュをあまり使わない形となりました。

２０１８年以降に購入した物件

その次が２０１８年８月に、江東区南砂にある１９８６年築の鉄骨造５階建事務所ビルです。２億４５００万円で購入しました。

20m公道に面しており道路付けが良く積算評価も高く出て、利回りも10%ありますが、駅から徒歩15分かかります。

購入後1年以上が経ちますが、テナントが半分程度しか埋まっていません。

事務所系はテナントが決まるまで時間がかかる傾向にありますが、現時点のレントロール上ではこの物件が最大の問題です。さらに購入から半年で約２０００万円の大規模修繕が必要となりました。これは新規借入れで賄っています。

前述した医師が廃業したビルも購入時は全空でした。普通なら、そんな物件に融資はつきません。

不動産投資は規模の有利性（スケールメリット）が働きます。私の投資規模が大きかったことと、他物件の稼働率がほぼ100％なので、これらの空室リスクも耐えることができ、さらに全空のビルでも融資が受けられました。

そして一番最近の2019年5月に購入したのが（第5章で詳細を紹介します）、川崎市宮前区の物件です。1990年築のRC造7階建てマンションで3億6000万円で購入しました。

公簿上不適格（ただし契約後こちらで実測すると適格）という物件だったので利回りは約11％ですが、最寄りの駅からは徒歩17分もかかり、ほとんどの人は溝の口駅からバス便を利用しています。

金融機関は、2018年の南砂で初めて西武信用金庫を利用し、2019年の物件からは、あすか信用組合が新たに加わりました。あすか信用組合は金利が2・5％と比較的高く、西武信用金庫も最初は2・388％でしたが現在は2・1％です。

西武信用金庫は当初プロパー融資だったのですが、信金中央金庫の代理貸しにして2・1％に下げたのです。こちらは何もお願いしていないのですが、「お客様のメリットを考えて代理貸しにして金利を下げたい」と提案がありました。

あくまで推測ですが、おそらく自行の不動産融資比率を下げるために、信金中央金庫の代理貸しにしているのでしょう。そうでなければ、金融機関が自ら「金利を下げます」と言うはずがありません。

今後数年程度の戦略

今までの体験から学んだのは、まず川崎の物件は収入のわりに規模が大きく、管理運営のための費用負担が大きく非常に非効率的ということです。

敷地の木の伐採で30万円、毎月共用部の電気代は10万円、ファミリー向けの8万円の部屋が原状回復費で30万円近くかかります。敷地が約４００坪（約１２００㎡）もあるので、除草剤はあっという間に1箱使い切ってしまいます。

そもそも前の所有者である地主がほとんどまともな管理をしておらず、定期的な清掃すら入れていない状況でした。つい先日も訪問して4部屋のコンセントプレートを替え、共用部の電灯をLEDライトに交換してきました。

もともと利回りがいいのでキャッシュの心配はありませんが、この物件を通じて、積算が出やすいといわれる地方の大規模なRC物件の非効率さを感じました。溝の口駅からバス便の物件でこのレベルなのですから、地方であればもっと大変でしょう。

似たような事例では、地方築古アパートで「物件価格2000万円、利回り15%」といった、いかにも高利回りな物件があります。

家賃が安価な地方物件で1部屋当たりの家賃が3万円以下であれば、管理費・原状回復費・修繕費などの間接費の割合が相対的に高くなるので、絶対にそのような数字では回らないでしょう。

家賃が3万円の部屋でも5万円の部屋でも、リフォーム代は部屋の大きさで決まるので、同じワンルームであればあまり違いがないのです。

世田谷の築古アパートは1部屋の家賃が5万円台ですが、私は全体の経営規模が大きいので、5万円の部屋も普通にリフォームすることができるわけです。表装リフォームを行って床を張り替えるだけでも15～20万円はします。

そのほかに、家賃20～30万円の部屋も所有していますから、特定の5万円の部屋に対して、その部屋からの収入のみを考えて原状回復費用を節約する必要がないのです。全物件で合計してリフォーム代を月100万円程度払っていますが、枠内に収まればかまわない考え方にしています。

これが、その物件しか持っていない場合はコストをかけることができません。現状でいえば、2019年は年間2億円ほどの家賃収入で、リフォーム代が年間約1200万円、固定資産税が年間約1000万円の状況です。

稼働率が高い年なら2億3000～4000万円になるため、効率のいい23区の物件であれば、管理費・固定資産税・原状回復費用等の運営費が収入の約15％、そうでない川崎の物件では20％になるイメージです。

このことから、やはり効率のいい23区の中古物件を中心とする戦略は継続していこうと考えています。

さらに、詳細は4章で述べますが、少なくとも23区であれば今後20～30年は、私の中古の建物を使った不動産事業は借入れ金返済状況に応じて、順次新築に建替えてもサスティナブルであると考えられるからです。

現状レベルのキャッシュフローを保ちつつ、23区以外の物件は適切な時期に処分し、これまでのような23区の中古物件を中心に買い進めていく。それが当面の戦略と考えています。

子どもの教育費の目途も立ち、それなりの金融資産も手元にあり、現状のキャッシュフローは税引き後2000~3000万円程度で、収入に対する借入れ金返済比率は50%以下です。

返済残期間の加重平均は約19年、資産負債のバランス（想定利回り10%で全資産をたたき売り状態で売却した場合）は、6億7058万円の資産超過となります。これらの状況を考えると、これ以上に規模を拡大する必要は全くないのですが……。

当面は、融資が厳しい状況が続くと想定されるので、私の経験上いい物件が出てくる可能性が高く、いい物件があれば是々非々で購入するスタンスです。

注目するのは旧耐震の築古物件

今、私が注目しているのは、旧耐震の築40～50年の物件です。

利回りは高いけれど築が古いため、今後何十年も使えません。ただし、土地の容積率の消化に余裕があり、建替えるとより高い収入の建物が建つため、10年程度で建物償却を終えた後、建替えることができる物件です。

その例が、買い付けを入れたものの買えなかった台東区の物件です。東京メトロの南千住駅から15分にあり築50年、1階と2階に郵便局が入っていました。それが利回り10・6％で1億5000万円でした。

容積率400％の土地が60坪ついている好条件の物件です。低価格の理由は築古であることに加え、駅から徒歩15分なのと、近くにドヤ街がありイメージが良くないからだと思われます。

とはいえ、現在の建物が容積率を半分程度しか消化していないため、その容積率と土地の広さであれば、建替えると倍の面積の建物が建てられます。ファミリーであっても、賃貸の需要はあります。

そのようなイメージが悪いエリアの場合ですと、自宅用の分譲マンションとしては売りにくいでしょうが、賃貸の人は利便性の方が優先なのであまり気にしないものです。

その物件は、自分で鑑定士を入れて建物を仮に4500万円にすれば、土地は6000万円になります。耐用年数が過ぎたRC造なので9年で償却でき、毎年500万円の償却費を計上できます。

そうすると収入が1100万円、500万円が償却、金利が約200万円だとして、手残りは400万円です。私の感覚からすると、運営費は15%くらいになりますので、250万円が課税所得になり125万円です。

収入の1100万円から150万円の運営費と、ローン600万円を引くと、約350万円になり、そこから税金を引くと220万円が残ります。9年で約2000万円になる計算です。

それで建物をちょうど償却し終わり、20年ローンで組んでいると元金の40%程度は返しているはずなので、1億円借りたとすれば4000万円を返していることになります。

そうすると、4000万円の返済が終わり、キャッシュが2000万円積み上がっていることになるので、6000万円が合計の収益になる計算になります。

このように1億５０００万円の物件が４５００万円になるわけです。それは、60坪の土地が４５００万円で買えたことと同義です。

建物は築50年ですから今後20年も30年も使えないので、だましだまし10年使って建物の償却だけとり終わったら建替えればいいのです。そうすれば、容積率４００％、60坪の台東区の土地が、４５００万円で手に入ることになります。坪75万円という破格の値段です。

SUUMOなどで家賃相場を調べると、建物代が、２７０坪を坪単価１２０万円で建てて3億２０００万円、土地が４５００万円程度であることを考慮すると、利回り７～８％のＲＣ物件が建てられるとわかりました。

現状の建物もＲＣ造なので、解体費にはそれなりのお金がかかることでしょう。それでも広さなどを勘案すると、どんなにかかっても２０００万円以下だと思っています。

このように長く不動産投資を続けていると、いろんな戦略が思いつくものです。

また、その物件の前にも、錦糸町の立体駐車場が1億９０００万円という案件もありました。しかも、１４０㎡の容積率５００％の土地付きです。

これを買おうと思ったのは、立体駐車場は15年償却なので、償却期間を過ぎた中古だと3年で償却できるからです。

例えば建物の値段を半額にできれば、9000万円を3年で償却できて、税率を50％とすると、税効果だけでも4500万円になります。別途収益が利回り10％とすると、税引き後は年間800万円程度になります（単純化のため元金は返さない前提）。

そうすると3年後に、1億9000万円が1億2000万円になります。この時点で建替えれば、錦糸町駅近の140㎡の容積率500％の土地が1億2000万円で手に入ることになるのです。この上にビルを建てれば、土地代込みで約8％の新築案件になると試算していました。

しかし、結局この案件は業者に買われてしまいました。先日前を通ったら、すでに取り壊しが始まっており、聞くところによるとインバウンドを見込んでホテルを建てるとのことでした。

1

第1章

東大生はコスト パフォーマンスが悪い

大多数の東大生がサラリーマンを目指す

この章では、世間的に「すごい！」と思われている東大生が、実は社会に出ると「意外に稼げない」「出世できない」という問題提起をします。

私が過去、個人的に経験をし、周りで見たこのような現実をデータで検証したいと思います。そのなかで、東大生でもどういう人が好まれて出世していくのか、成功していくのかを、私の個人的な見解に基づいて簡単にお話しします。

東大生の卒業後の進路といえば一流企業や官僚、研究者などが挙げられます。ただ、どれも"サラリーマン"に変わりはありません。

例えば研究者であっても、ノーベル賞レベルまで登りつめれば話は別ですが、基本的にはサラリー（給料）で食べていく必要があります。

「お金を稼ぐことだけが人生のすべてではない」という考えには私も同意しますが、我が子に対し、自分が受けた教育と同等の教育を与えるためにも、ある程度のお金は必要です。

なかには、「お金がなくても研究成果を得られればいい」「お金に興味がないので官僚になって偉くなりたい」と考える人もいるでしょう。それは悪いことではないと思います。その一方で「東大を卒業したのだから普通の人よりもお金を稼ぎたい！」と考える人もいることでしょう。

ここで、東京大学の学部卒業者による最近の就職先データを確認してみましょう。

学部卒の就職者（薬学部・医学部を除く）のうち、官公庁に就職した割合が高いのが法学部です。しかし、その割合は２０１６年度の43・６％から2年連続で低下しており、今回は33％という結果となりました。

法学部の就職先で最も多いのは警察庁の11人。その他、２０１７年度で1位だった総務省が10人に満たない状況です。２位で財務省と日本銀行がそれぞれ７人と続いています。法学部に次いで官公庁へ就職した割合が高かったのは教育学部となり18・４％です。学部卒全体を見ると14・６％という結果となりました。

民間企業への就職者の割合が最も高い学部は理学部で88・９％です。就職者全体が10人強と少なくなっているそうです。しかし、２０１７年度に続き高い割合となりました。

学部卒全体から民間企業に就職した割合は79・1％で、２０１７年度より４・7ポイント

図1　東京大学学部卒業者の就職先の割合（2018年度）

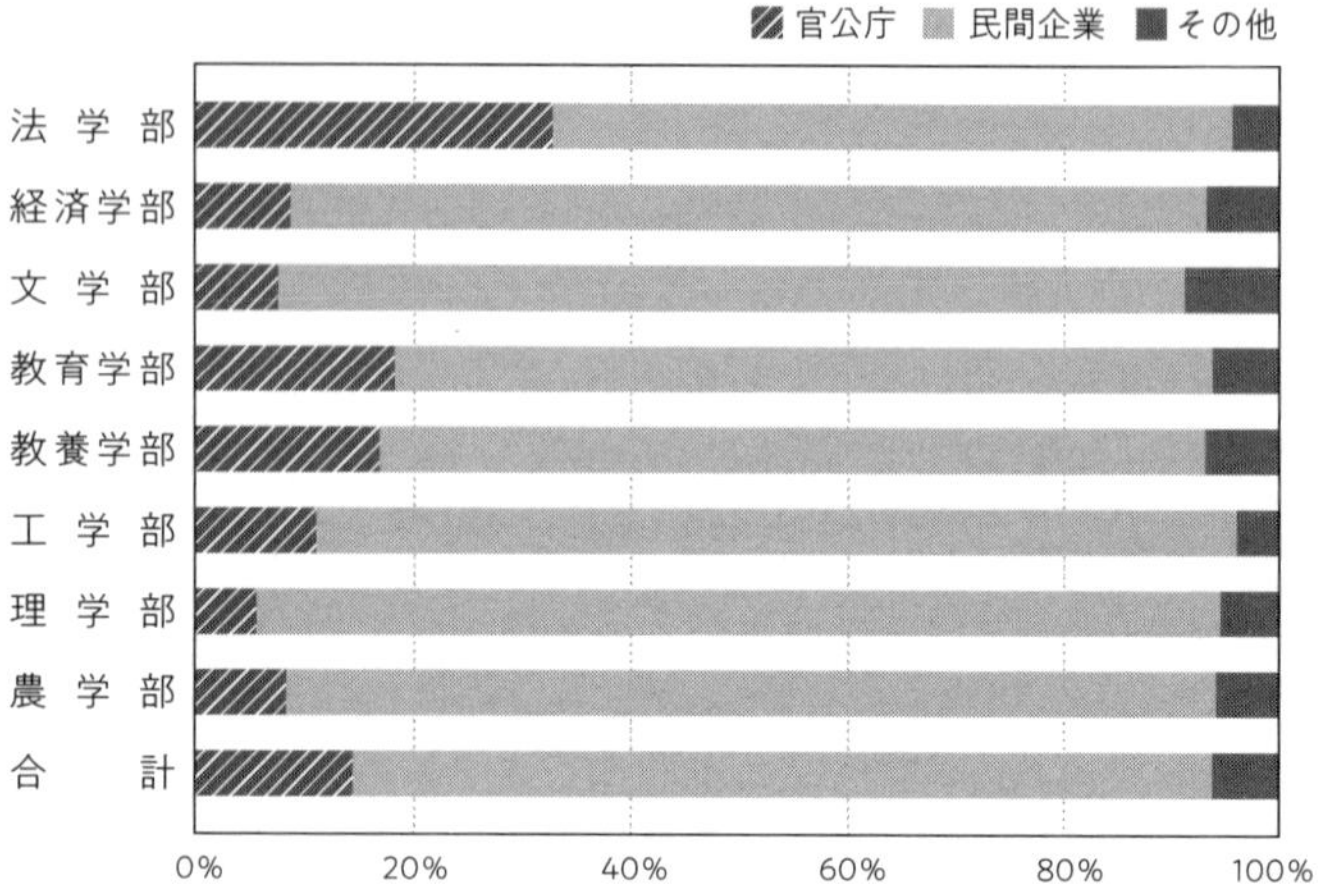

※東京大学新聞社まとめを元に作成
※卒業者のうちで、就職した者の割合を示しています（薬学部と医学部を除く）
出典：東京大学新聞社　http://www.todaishimbun.org/shushoku20190719/

上昇しています。

このような傾向は昔から大きく変わらないと思います。大雑把にいうと、東大生の約80％が民間企業のサラリーマン、約10％が公務員になるようです。

高学歴とは、効率的に勉強ができる、決まった目標に向かって計画を立てられる、などポジティブな意味をいろいろ含んでいます。

一言でいえば「頭がいい」のですが、その強みを直接的に生かせる仕事に就くのは、お金を稼ぐうえでは理にかなっています。

また、サラリーマンにならず事業を立

ち上げる選択肢もあるのですが、会社を興して成功できる確率は高いとはいえません。

起業家のなかには、「事業の立ち上げは10回中1回でいいから、どかんと大当たりすればいい」と考える人がいます。そのような人たちには勢いがあり、もちろん失敗するケースの方が多いのですが、なかにはＺＯＺＯ（ゾゾ）の前澤友作前社長のように、巨万の富を得るところまで成功する人もいます。

しかし東大生の場合は学歴が邪魔をして、彼らのような思い切ったチャレンジができない人が大半です。どちらかといえば受験戦争のように、既存の仕組みの中で競争したい人が圧倒的に多いといえるでしょう。

だからこそ、結果的に東大生の大多数はサラリーマンになるのです。

実際、私が卒業した東大工学部機械工学科の同級生では、教授や他の大学の研究職に就いたのが10％以下で、他はほぼサラリーマンです。これが法学部ですと官僚が多いと思いますが、経済学部や理学部であればサラリーマンになる人がほとんどです。

そして東大だと、「会社を選ばなければ（そして、よほど面接でおかしなことをしなければ）、上場企業に入れる」ほどの特権が実際にあります。

これは東大を最上位にした旧帝大や、早稲田・慶応くらいまでは近いことがいえます。

さらに、日本の一流企業に入社すると、東大生や早稲田・慶応の新卒は良い赴任先に配属されます。自ら赴任先を選べるケースもあるでしょう。

一方、外資企業では実力社会になるため、優秀な人はどんどん出世していきますが、国内の大手企業では、30歳くらいまでは大きな待遇の差がありません。

サラリーマンの年収は、実は卒業した大学よりも業種に大きく左右されてしまうのです。金融や商社、テレビ局などは、同じ東大卒でも製造業に入った人より年収は高くなるといわれています。これをデータで見ていきましょう。

そもそもサラリーマンの生涯賃金はどのくらいか

それではまず、サラリーマンの生涯賃金はどのくらいなのでしょうか。厚労省の外郭団体による公的なデータがあったのでそれを参照しましょう。

独立行政法人労働政策研究・研修機構の「ユースフル労働統計2017　生涯賃金など生涯に関する指標」によれば、サラリーマンの生涯賃金は大学・大学院卒の男性で

図2　60歳までの生涯賃金（2015年）

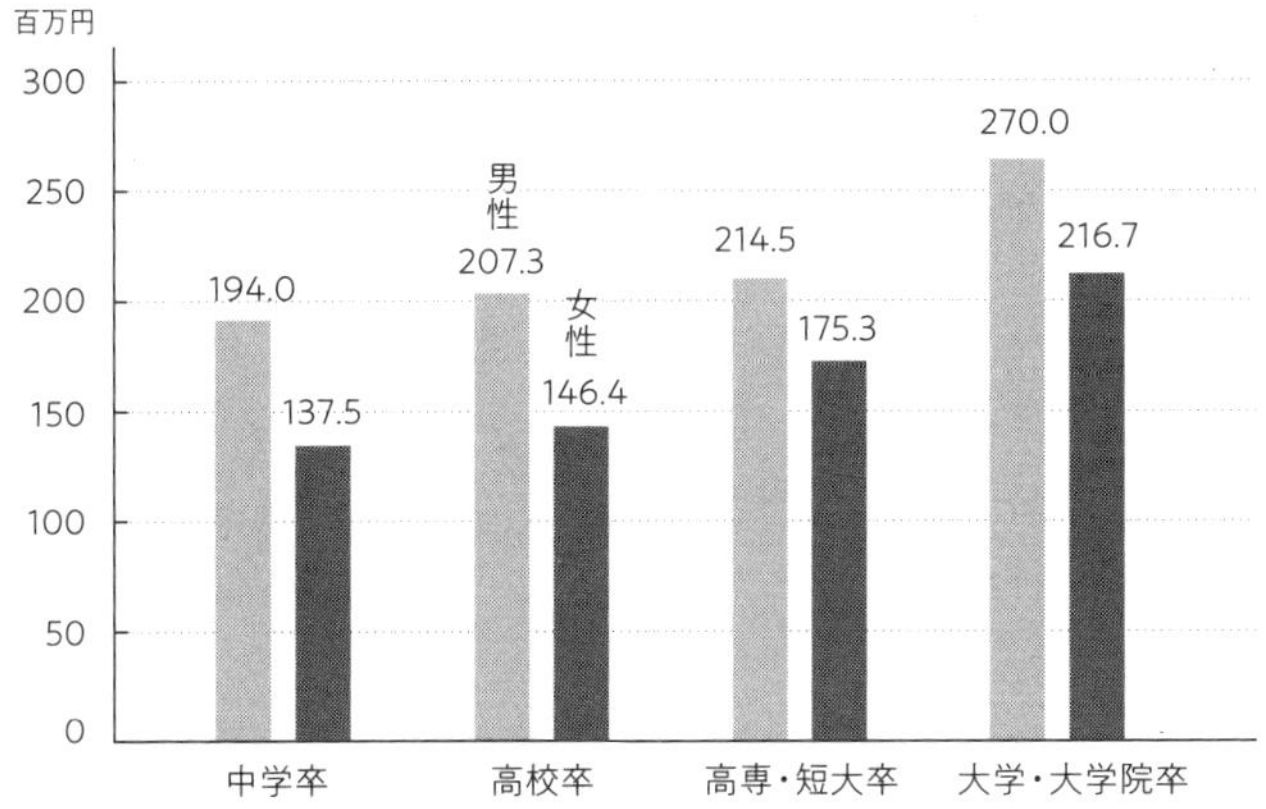

注：学校を卒業しただちに就職し、60 歳で退職するまでフルタイムの正社員を続ける場合（同一企業継続就業とは限らない）。退職金を含めない
出典：ユースフル労働統計 2017　生涯賃金など生涯に関する指標
https://www.jil.go.jp/kokunai/statistics/kako/2017/documents/useful2017_21_p304-348.pdf

2億7000万円、女性で2億1670万円となっています。

東大卒サラリーマンの収入はどのくらい高いのか

次に、東大卒のサラリーマンの収入が、他の大学を卒業したサラリーマンと比べてどの程度高いのかを見ていきましょう。今度は転職サイトの年収データで比べてみました。

次ページの表は、「卒業大学別平均年収ランキング」と「東京大学年収」です。転職サービス『DODA』に登録した人の年収を基に作成されたものであるため、リアルな数字となります。

ここで薬科大学出身者はほぼ薬剤師であり、「単純なサラリーマンとは違う」として除いて考えれば、他の有名大学卒業生と比べて5～10％程度は収入が高いといえるでしょう。

図3　卒業大学別年収ランキング

順位	大学名	平均年収
1	星薬科大学	727万円
2	京都薬科大学	634万円
3	東京大学	632万円
4	一橋大学	628万円
5	東京工業大学	616万円
6	岐阜薬科大学	615万円
7	東京薬科大学	600万円
8	京都大学	597万円
9	慶応義塾大学	590万円
10	明治薬科大学	589万円

図4　東京大学年収

年代	平均年収	最高額
全体	729万円	3000万円
20代	507万円	1500万円
30代	707万円	3000万円
40代	894万円	2500万円

年収分布図

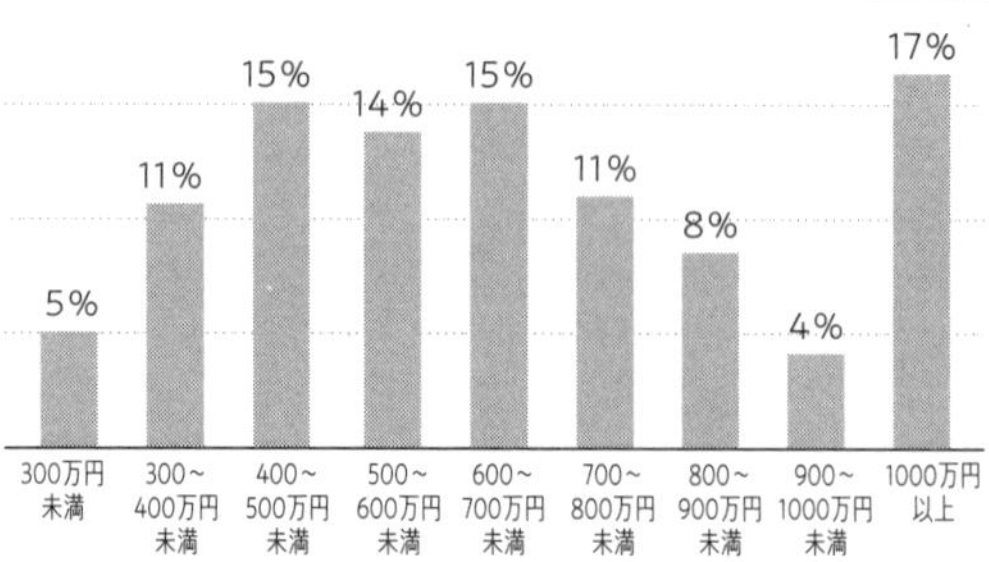

※2015年版　国内・海外全160校 出身大学別 年収ランキング
出典：転職サイト運営のDODA（デューダ）キャリアコンパス
https://furikake.doda.jp/article/2018/09/10/118.html

図5　サラリーマンの収入

順位	業種	会社数	平均年収
1	保険業	12社	854万8855円
2	海運業	13社	799万7415円
3	石油・石炭製品	11社	776万5555円
4	鉱業	7社	769万4053円
5	医薬品	65社	766万3984円
6	証券・商品先物取引業	40社	766万2454円
7	空運業	5社	702万8175円
8	電気・ガス業	24社	698万8958円
9	建設業	176社	691万6858円
10	銀行業	91社	674万5208円

※2018年の上場企業業種別年収ランキング
※出典データ：年収ガイドhttps://www.nenshuu.net/corporation/contents/index_corporation_category.php

平均値は、特に収入が高い特異値に影響されるので、東大卒のサラリーマンの平均的な収入は、ほぼ中央値の600～700万円のようです。

収入は就職した業界によって決まる

よく外資系の金融機関は給与が高いといわれます。それでは、業種によりサラリーマンの収入はどのくらい違うのでしょうか。これも厚労省の外郭団体の公的なデータがあったので参照してみましょう。

このデータを先程の卒業大学の違いによる収入差と比べると、明らかに卒業大学の違いよる差より、業種による収入差の方が大きくなっています。このことからわかるのは、サラリーマンの年収は、卒業大学より就職した業種により大きく左右されてしまうということです。

医師、弁護士の収入はどうなのか

ここで知的な水準と強い相関があり、「収入が高い」と考えられている代表的な職種、医師と弁護士の収入と比較してみましょう。

世の中に資格は様々ありますが、組織に属さないと使えない資格は魅力的ではありません。

その中で医師と弁護士、それに税理士などは独立すれば収入が高くなる可能性がありますし、もし組織に属することになったとしても、それなりの収入が期待できます。経営手腕がないと自覚している人は、東大生ならではの地頭力を生かせる仕事に就くのも一手でしょう。

医師・弁護士の生涯年収を調べてみたところ、先ほどの独立行政法人労働政策研究・研修機構による「ユースフル労働統計2017　生涯賃金など生涯に関する指標」によれば、医師の生涯年収は、男性で5億733万6600円、女性で4億909万6600円とのことでした。

弁護士の生涯年収は男性で3億9363万7000円、女性で1億4277万5500円となっています。女性弁護士の生涯年収が少ない理由は、女性弁護士の調査母数が少ないことに加え、独立開業している人数が少ないからであろうと推測します。

医師・弁護士については、それぞれ22歳から59歳までを生涯年収とし、厚労省2017年賃金構造基本統計調査の年齢別データを加算して生涯賃金が算出されています。

ただし、医師や弁護士については労働時間が長い傾向にあり、それも考慮した方がいいかもしれません。

東大卒サラリーマンは出世できるのか

私見ですが、日本の一流企業では、「変革を起こそう！」と野心ある天才タイプよりも、決められた範囲内で成果を出すことが求められます。だからこそ企業は衰退してしまうのですが……。

特にこれは古い体質の企業ではよく見受けられることです。一定の基準値を達成することがベストで、「下過ぎては困るけれど、上過ぎても困る」という考え方です。会議で例えると、3時間の会議であれば、きっちり3時間議論するイメージです。

そもそも、特別優秀な人がいない限り組織が維持できない状態であれば、大企業は事業継続ができないのですから。

東大卒にとって会議の資料を見て答えを出すのは、入試問題と同じ感覚でできるので容易です。出てくる資料は5分で把握して、1分で答えがほぼ出せるでしょう。

それにも関わらず、大半の人間は「ああでもない、こうでもない」と議論をしています。これには唖然とするしかありません。東大卒には数分で導き出せる答えを出すために数十分、数時間と平気で話ができるのです。たまに会議の資料で理解できない文章があっても、それは経験上、そもそも書き手が理解していないまま文章を書いている場合がほぼ100%です。

日本の大企業で求められているのは、そういう無駄な会議において即座に答えを出せる人ではないのです。

今だからわかるのですが、日本の大企業における会議の大半は、所与の条件から結論を出し、何かを決めることを目的としていません。ほとんどの場合、結論は会議の外で出ているのです。

そんな環境でどういう人が出世をするのかといえば、「最も人が考えていそうなことを理解できる人」です。言い換えれば、頭の良さよりも根回しや空気を読むことに長けている人。

特に私の経験からいえば、足を引っ張る敵が少ない人ほど出世をするのです。上場企業のトップは、ほぼ皆そういう人たちだと感じます。

一方、これも私見ですが、東大卒のように頭の良い人は、「こんなこともわからないのか？おまえバカだな！」と、胸の内がすぐ顔に出てしまいます。

端的にいうと、人のことを気にして思考をしていません。むしろ、気にしていないからこそ、一つのことに集中できるのです。気にする時間があるのなら、勉強や好きなことに時間をかけるのです。

そんな特性もあり、良い意味でも悪い意味でも東大卒は目立ってしまいます。民間企業で３００人採用しても、東大卒は多くて10人程度でしょう。

さて、私がサラリーマンだったとき、入社して管理職になるまでは年功序列であったものの、同期入社が数百人いた中には、部長、副社長になれる人もいました。

それでは東大卒のサラリーマンはどのくらいの確率で出世ができるのでしょうか。まず次の表を見てください。

図6　上場企業に役員を多く輩出している大学トップ10

順位	大学名	役員数
1	慶応義塾大学	868
2	早稲田大学	832
3	東京大学	748
4	京都大学	543
5	中央大学	512
6	明治大学	372
7	日本大学	343
8	一橋大学	328
9	大阪大学	289
10	同志社大学	283

※『役員四季報2015年版』（東洋経済新報社）を基に集計
出典：東洋経済オンライン
https://toyokeizai.net/articles/-/53762

東大には毎年約3000人の卒業生がいます。初めに見た通り、そのうちの約80％（2400人）が民間企業に就職します。うち、上場企業の役員（在任期間を10年と仮定する）になるのは、748／2400×10＝3.1％です。

この数値は私の経験値とも符合します。東大工学部機械工学科の卒業生は1学年約130人なのですが、同期の中で役員になった（なっている）のは、1人ではないけれど10人もいません。

慶応大学の卒業生は年間で約8300人なので、やはり約80％が民間企業に就職すると仮定すると、868／8300×0・8×10＝1・3％となります。

早稲田大学の卒業生は年間で1万1000人なので、同様に約80％が民間企業に就職すると仮定すると、832／11000×0・8×10＝0・95％となります。

参考までに、社長数がトップといわれる日本大学は卒業生が約1万8000人で、0・24％と算出されました。

東大卒は有利とはいえますが、少なくとも東大に入る段階で選抜されている人材と考えると、決して多い数字とは思えません。

出世したサラリーマンの生涯賃金はどのくらいなのか

では、（東大卒の場合は）3・1％の確率で出世できた役員の生涯賃金はどのくらいなのでしょうか。

ここで、上場企業の役員の平均年収を調べてみました。デロイト トーマツ コンサルティングによる実態調査の結果、社長の報酬総額は中央値で5552万円となっています。また、取締役は2160万円、社外取締役は756万円という結果です。

役員在任期間を10年と仮定し、役員でない間の収入を合算すると、おおよそ社長で6~7億円、役員で4億円程度の計算となります。

退職金が別に支払われるため、実際にはもっと多くの生涯年収を得られるでしょう。とはいえ、医師や弁護士に比べてそれほど高いとはいえない結果となりました。

2

第 2 章

一馬力の世界で起こったこと

東大卒だからといって出世できるわけではない

この章では、私が見てきた現実をふまえ、私の実体験に基づいて、サラリーマン社会ではどういう人が好まれて出世していくのか、成功していくのか。そして、東大卒はそうなるのかを具体的にお話しします。

まず私の経歴を簡単に紹介します。

私は神奈川県の県立湘南高校を卒業した後、現役で東京大学の理科Ⅰ類に入学し、1984年に工学部の機械工学科を卒業しました。

同年4月、東証1部上場の企業に新卒で入社し、原子力関連の仕事に就きます。そのまま転職もせず33年間勤め、2017年6月に56歳で退職しました。

会社では、入社後は希望の部署に配属されました。東大をはじめとする上位大学の新卒では、多くの日本の会社でも第一次配属は希望が通りやすいと感じています。理系の場合、配属可能な部門はある程度限られてはいますが、それでも自分の希望する部署へ配属される場合が多いと思います。

今は成果主義が浸透しつつあるため、入社以降は上位大学出身者が必ずしも有利とはなっていませんが、日本の多くの会社では、入社直後のレベルの仕事で成果に差が出るようにはなっていないため、その後の管理職への第一次選抜では、事務処理能力が高い上位大学出身者が多少なりとも有利なのは事実です。

東大卒は下級管理職になるまで、言いかえれば組合員から外れるレベルの管理職までは、比較的にスムーズに出世をすると思います。


私の場合でいえば、入社後に現場で3年ほど勤務してから本社勤務になり、トラブル対応等の激務を経験した後は、ご褒美的な意味合いもあって、31歳から33歳まで米国に駐在しました。

海外駐在は、ある程度優秀な人でなければ務まらないと思います。海外駐在の際は、自社の米国子会社ではなく、米国の公的な組織の国際部門に派遣される形だったので、いろいろな国のエンジニアと交流を持つことができました。

その組織で働いている日本人はごくわずかだったので、英語力は否応なく向上し、駐在前は７３０点前後だったＴＯＥＩＣの点数も、帰国後は９５０点以上になりました。英検も、準1級は自力で合格できましたが、これは日本特有の試験なので、1級ともなるとそれなりに大変でした。

私が合格したのは15年以上前なので、現在の英検の仕組みは変わっているのかもしれません。当時は、英単語はたぶん一生見たり使ったりしないようなものを沢山覚えなければならず、1次試験は受かっても2次試験のスピーチが超高難易度で、1次試験合格後に英検専門の学校に通う必要があり多少の苦労をしましたが、なんとか帰国1年後くらいで1級を取得しました。

自分でいうのも恐縮ですが、この時代は同期の中でも優秀である自負は当然ありました。原子力関連の最難関の国家試験も入社2年目で合格しました。

海外駐在ではなく、もしも海外留学をしていたら、MBAをとって会社を辞めていた可能性は高かったのですが、上司や会社もそれを察していたため海外駐在を命じたのかもしれません。

管理職になったのはアメリカから帰国後の30代半ばで、同期の中では第1次選抜組でした。役職がついて組合員から外れると残業手当が入らなくなります。

しかし、出世はそこから先が問題なのです。差がつくのはより上位の中間管理職になる

40代の後半でしょうか。現場等で管理職として10年程度経験を積んだ後に昇進していくわけです。

多くの上場企業では、役員になるのは早くても50代といったところです。これは外資系企業や、上場企業のなかでもトヨタなど創業者が率いている会社を別にして、おおよそ同じような形だと思われます。

第一次選抜においては学歴、または学校歴の効用があるのでしょうが、そこから先は学歴や頭の良さはほぼ関係ないのが現実なのです。

私の場合でいえば、管理職にも3つの階層があるのですが、退職する最後までその一番下の階層でした。一番上の階層を超えると役員クラスになります。私の勤めていた上場企業は300人の同期がいて、そのうち東大卒は20人ほどいました。今、役員になっている東大卒は1人くらいでしょうか。

私は一番早く管理職になったのですが、退職する前の最後まで一番下の階層でした。管理職になるまでの出世スピードが早かった割に、一番下の管理職止まりだったのは珍しいかもしれませんが、退職まで管理職の1番下の階層にいること自体は珍しくありません。

今から考えると、米国駐在から帰った時点で「バツ」が付き、主流から外れたのだと思います。米国で羽目を外しすぎたのでしょう。さらに日本の会社においては敗者復活など皆無に等しいのです。

なお、役員クラスについていえば、上の役員から引き上げられない限り、必ず役員になれません。さらにその上の常務、副社長クラスになれません。

仕事の成果や実績で出世ができるのは役員の手前までなのです。ノーベル賞までとれば別ですが、基本的に役員になるためには、社長や上のクラスの役員に気に入られる必要があります。

関西電力の原子力の幹部がスーツ仕立券を受け取って問題になりましたが、責任をとって辞職した常務は、東大工学部機械工学科で私の同期卒業でした。今回の事件がなければ次の副社長というポジションにいたのですが……。

そうなれば東大の機械工学科の同期の中でも出世頭になっていたかもしれません。

大学時代はあまり目立たなかったので記憶にありませんでしたが、卒業後、一度だけ面識があります。かなり前ですが、当時の通産省の廊下で声を掛けられ挨拶をしたのを覚えています。

出世競争から脱落する理由は、このように「運」もあります。

昔、第一勧業銀行の総会屋事件や今回の関西電力の事件もそうですが、こういった事件は何年かおきに起きるものです。そうなると経営陣が一掃されて上層部がいなくなります。その下の層にいれば逆にラッキーなのですが、こういったことは予測もコントロールもできません。

上司は自分より優秀な部下が嫌いである

昔は集合研修がよくあったのですが、その中には東大卒で頭がとても良い同期入社の人間が何人かいました。私は、「優秀な人間が出世する！」とナイーブに最後まで信じていました。

しかし、結局は目立たないものの失敗がなく、明らかに敵が少ない人間が出世していったのです。確かに高い事務処理能力は要求されているものの、それだけではダメなのです。

私は、若いころは「上司は私よりも地位や給料が高いのだから、私より優秀で、仕事も出来て当然である」と認識していたのですが、どうも違うのです。かなりの割合で、上司は自分より優秀ではないのです。

仕事ができない上司ほど、自信がない上司になるほど「間違っている」と指摘されると怒りを見せます。そういう上司に対して、「物事が間違っている」ことを素直に指摘すると、彼らはほぼ間違いなく「自分が間違っている」と感じてしまいます。

場合によっては、こちらが言っていることが正しくても、いや正しいからこそ、言い方が気に食わないこともあります。これが人事評価につながるのが現実です。

そのパターンは多くの上場企業で共通していると思います。多くの上司にとっては尖っていない人のほうが好ましいのです。私も管理職になり部下を評価する立場になってわかったのですが、自分につっかかってくる優秀な部下よりも、あまり優秀でなくても何でも言うことを聞く従順な部下の方を好みがちなのです。

多くの上司にとっては、優秀であることより、「使いやすい」ほうが優先順位は高いのです。さらにいえば、突き抜けるほどの優秀さは普通の上司にとっては全く理解できません。

日本の会社は減点主義

さらに大事なのは「不可もない」ということです。日本の組織の多くでは、ホワイトカラーの成功の基準がなかなか定量化できないこともあり、成功した際の加点は曖昧で、失敗した際の減点だけはしっかりする「減点主義」がいまだに主流です。

そういうことが積み重なって、可もなく不可もない人……つまり失敗をしない人が出世をするのです。この傾向は、コンプライアンスを最優先する現在はさらに強まっています。

私が覚えているのは、40代後半で管理職として出向した会社の、私から見て優秀な同僚と話した時のことです。

「人が1時間かかる仕事を5分で終わらせれば、12倍の仕事ができるよね？　私は5分で与えられた仕事の少なくとも大事な80％のことは終わらせられるから、5分で80％程度の完成度で次の仕事に移れば、結果的に人の10倍の仕事ができるんだけどな」

このように私が、同僚へ問いかけました。すると彼から、次のような返答があったのです。

「仕事をした量は多くても完成度は80%なんだよね？　だったら結果は変わらないんじゃないかな。それなら1時間の仕事は1時間使って、より完成度を高めた方がいいんじゃないの？」

そんな返事が返ってきたのです。この言葉を聞いて彼の生きている価値観……大げさに言えば日本の企業の価値観と、私の価値観の間には埋められない溝があるとしみじみ感じたものです。

日本の会社で優先されるのは、効率やトータルで成し遂げられた仕事の量ではなく、たとえ少ししか仕事をしなくても失敗しないことなのです。ちなみに彼は、その会社で役員まで出世したと聞いています。

サラリーマン社長は、自分の寝首を掻かない人間しか後継者にしない

会社によるとは思いますが、私の会社の場合では、役員に引き上げられる人間は、「引き上げる役員のいうことに歯向かわない」のが大前提でした。

さらに、優秀ではあるが、引き上げる側の役員より「少しだけ優秀ではない」場合が多かったように感じます。少なくとも、自分に楯突くような人間は引き上げられません。

自分よりも少しだけ優秀ではない人を偉くしていけば、徐々に役員の質は劣化すると共に、会社も劣化していくのではないでしょうか。最終的に縮小再生産型のイエスマンばかり残ってしまうのが現実です。

私はサラリーマン時代、それは違うのではないかと疑問視していましたが、実際の組織の多くはその通りでした。これはおそらく日産で起こったことでしょうし、サラリーマン社長が指示せずに粉飾決算を部下にさせて会社を崩壊させた、東芝でも起こったことでしょう。

東芝についていえば、社長が粉飾決算を直接指示せずとも粉飾決算を行うのは簡単です。

気に入る数字が上がってくるまでは、稟議にハンコを押さず突き返し続ければいいのですから。

どんな会社にも創業期があります。新規事業でも新しい分野ができたばかりのときが創業時代です。創業期、創業時代には尖って優秀な人が牽引していく流れもありますが、事業や業界が安定化してくると偉くなるのはイエスマン、補佐役、参謀……そういった経営陣に取って代わられるのが特徴のように感じます。

東大卒が会社で使う能力は5%

日本の会社の考え方では、問題がどこにあるかを即座に理解し、その解決策を素早く出せる優秀さをそこまで求めません。

5分で答えが出る議題を1時間かけて話し合うのが日本の企業です。私自身、外資系企業にいたことはないですが、外資系のほうが明らかに効率を重視すると思います。

私のサラリーマン時代の経験で、会社に入ってから数年後の本社勤務で、会議の際に配られた資料を端から端まで読み上げる説明者がよくいました。私が読み理解するスピードはその何倍もあるので、ある会議で、私は会議の初めの何分かで資料の全部に目を通し、内容を把握し結論や問題点を確認しました。

そこで、資料の読み上げを聞く必要もないので、しばし居眠りし、会議の最後の方にやおら起きて、この場合の結論と問題点を発言しました。すると説明者の上司に「なんで居眠りしている人間が偉そうに言うんだ！」とこっぴどく怒られました。

確かに当時の私の態度は決して褒められたものではありません。しかし、第一優先は発言の内容ではなく、あくまで「態度」なのです。

そもそも会議では大した発言は期待されていない上に、夫婦喧嘩でもよくありますが、「言っていることは正しいが、言い方が気に入らない」で事足りる話なのです。

『人は見た目が9割』（竹内一郎著／新潮社）という本がありますが、おそらく日本では「言い方が9割」なのです。言っている内容が問題ではないのです。

この事件以降、会議中の空いた時間は、手帳を見るようにしていました。会議の重要な内容を手帳にメモすることは珍しくありません。スマホ（当時はありませんでした が）では問題になりますが、手帳を見ていれば大体の場合は許されます。

その手帳には、隣の人が読めないくらいの小さな字で、不動産に関する情報（新規物件の収益試算、今後数年の予想キャッシュフロー等）を書き込んでいました。このときの名残で、私は今でも必要な不動産関連の情報は、ほぼすべて手帳に記載しています。

日本の会社の勤務時間は長いです。長時間拘束の中で頭を目一杯働かせて仕事をしているのかというと、そんなことはありません。時間的な負荷と、頭の中の負荷は違うのです。傲慢ではありますが、私が会社で使っていた能力はせいぜい「5％」くらいだと常々考えていました。

頭を5％使えば、会社の仕事を内容的にはほぼ終わらせることができます。そうして空いた時間は自身の不動産投資のことを考えていました。先ほどの手帳には不動産投資の情報が書き込んであるので、実質的に仕事が終わったらそれを見ればいいのです。また、昼休みには必ずジョギングをしていました。スキーも1級をとりました。

だからこそ、会社での業務に影響をあたえず、不動産投資という副業ができたのです。就業規則で「副業禁止」となっていましたが、私の現在の規模では間違いなくクビです。しかし、親の相続でアパート・マンションを継ぐ人もいたので、当初の1棟や2棟であれば大丈夫だったでしょう。私は細心の注意を払って、会社や周囲にわからないようにしていましたが。

また、今の世の中は「副業禁止」の流れが変わってきています。いきなり年金制度が壊れるとは考えていませんが、「自分で稼ぐようにしなさい」というのが国の意向なのです。

私の知り合いに外資系企業を50歳で退職し、独立して不動産の仕事をしている人がいます。外資系企業では年収3000～4000万円も貰っていたそうですが、「時間的な余裕は一切なかった」と話していました。

さすがに年収3000万円の人に、1時間を与えたが、実は5分で終わるような仕事など与えないでしょう。人の何倍もの仕事量をこなして、はじめて3000万円、4000万円の給料が支払われるのです。

弁護士や医師もそうでしょう。そんな多忙な人が不動産投資をやるとなると、手が回らなくて人任せになったあげく、失敗しているケースが多いと推測します。

私の経験上、高収入で優秀な人のはずなのに、「なぜ、こんな物件を買うのかな?」というケースも多いのですが、結局のところ、時間のなさゆえに自身で関与できていないことが原因と思われます。

世の中の多くの人は頭がよくない現実

成人のほぼ100%の識字率を誇る日本人ですが、実際には大半の人が書いてあることの意味を理解していないように感じています。

東証一部上場の会社に勤めていると、社内ではそんな経験をすることも少なかったのですが、いくつかのマンションの理事などを長年務めていると実感するものです。

例えば品川区や渋谷区のマンションに住む、一般よりも所得が高い人たちが集まる場であったとしても、自分では論理的な文章を書けず、日本語は読めるものの、書いてあることの本質が理解できない人たちがたくさんいるのです。

また、昔の話になりますが、大学時代に塾のアルバイトをしたり、教員の免許を取ったので教育実習も自分の出身中学に行ったりしたのですが、普通の中学生の理解力がこんなにも低いものかと驚きました。

自分が中学生の時は、教科書に書いてあることは1回読めばわかったのですが、大方の中学生は手を変え品を変え、わかりやすく解説をしてやっとわかるのです。

このような私の偏った経験によるのですが、極端にいえば、世の中の大半の人は、日本語は読めるものの、書いてあることの意味を自分の頭で理解できていないのです。

論理的な文章が書け、書いてあることの本質を自分の頭で理解できる人間は全体の10％以下のように感じられます。「そんなことを考えているからお前は課長までしかなれなかったんだ！」と非難されそうですが……。

私の好きな作家である橘怜氏の著書に、『言ってはいけない 残酷すぎる真実』と『もっと言ってはいけない』（共に新潮新書）があります。それには次のような記載があります。

①日本人のおよそ1/3が日本語を読めない（字が読めないのではなく、基本的な理解力がない）。
②日本人の1/3以上が小学校3～4年生の数的思考力しかない。

十分に頷けることだと思います。

さらにその著書によれば、IQというものはほぼ遺伝するそうです。それは私が40年かけて実証してきたと思っていたのですが、実は母親の影響がより強いそうです。そのため、

「父親が、ＩＱは遺伝によるものらしいと家庭で偉そうに話すと墓穴をほるよ」と、高校の同級生でもある開業医から忠告されました。

ちなみに私の妻は私立の女子大出身ですが、都立の富士高校出身なので地頭は優秀だと思います。もしかしたら私より頭がいいのかもしれません。

話は多少それますが、よく日本人は英語を話すのが苦手と言われるのも、そもそも多くの日本人が論理的な日本語の文章を書けないのが主因だと私は考えています。

英検1級を持ち、数年前ではあるもののＴＯＥＩＣでも９５０点超をとった経験上、日本語に比べて英語は論理的な文章に親和性が高いと感じます。

サラリーマン生活の最後の5年間は、英語が公用語である組織に出向していましたが、論理的なレポートは英語で直接書いた方が簡単で、頭が整理しやすいのです。その一方、英語で書いた論理的な文章を日本語にすると非常にしつこくなります。

日本語はハイコンテクストな言語です。それに対し、すべての人が誤解しないように書かれた英語の論理的な文章を日本語に訳すと、同じ主語が何度も出て来たりして、異様にしつこい感じの文章になるのです。

同じ知的水準を持つ人は少ない

国税庁「平成29年分民間給与実態統計調査」によれば、年収１０００万円以上のサラリーマンの割合は全体の４・５％となっています。

同調査では、1年を通じて勤務した給与所得者の1人当たりの平均給与は４３２万円であり、男女別にみると男性が５３２万円で、女性は２８７万円となっています。

ここからわかるのが年収１０００万円以上は、やはり高所得者です。そして、私の管見ですが、所得は知的水準と相関が高いはずなので、高所得者はある一定以上の知的水準を持っていると考えられます。

また、勉強ができることが知的水準の全てではありませんが、東大生は一学年が約３０００人で、他の大学でも医学部など同レベルの頭の良さを持った人が何倍かいると考えると、東大生と同じ知的水準を持った人は一学年に1万人程度いると推定できます。現在、新生児は約１００万人なので、その1％です。

ということは、東大生レベルの知的水準を持って、かつ年収1000万円以上を稼いでいる人は、所得と知的水準は相関が高く、双方のカテゴリーは完全に独立な事象ではないので、4・5％×1％＝0・045％とならないものの、どう考えても人口全体の0・1％以下ではないでしょうか。

首都圏（東京・千葉・埼玉・神奈川）の人口は約3000万人ですが、この2つの条件を満たす人は3万人以下になります。

自戒も含め、少なくとも東大生は自分と同じ知的水準を持った人が世の中には少ないことを知っておくべきでしょう。そのほうが周りに寛容になれるはずです。

間違っても私のように態度で人をバカにしてはいけません。日本的な常識では、そういう人ほどバカなのです。

さらに言えば、東大に入った段階で1％の世界で生きてしまい、一流企業に入ると、再び同じような世界で生きることになります。そうすると、一般的な「普通」と、自分の「普通」に齟齬が生まれるようになります。

さらに私の場合、所有する物件の家賃収入に対する返済比率は50％以下で、税引き後、年間約2000万円以上のキャッシュフローがあります。

借金は17億円なのですが、元金は年間で８９００万円減りますし、もし今、全ての不動産を利回り10％でたたき売っても、６・７億円の現金が残ります。どこかの時点で一般的な「普通」とかなりかけ離れてしまったのかもしれません。

とはいえ、大企業であっても日本の会社だと、自分のレベルまで達していないある一定数の人たちと仕事をしないといけないのでストレスは溜まるでしょう。

日本の会社では、東大卒がいくら素早く理解し、仕事をこなしても、「10あることは、10の全てを全員で理解したうえで、全員で分担しよう」という、レベルの低い人に合わせたチームワークを押し付けられます。

たとえできたとしても、１人でさっさと３つも４つもこなすのは、それはそれで場の空気を乱すと思われるのです。

これが例えば、昔のＩＢＭやボストンコンサルティングなどの外資系企業では、「優秀な人に稼いでもらう」ことが当たり前なので、優秀な人同士は嫉妬したり競争をしますが、決して優秀でない人が足を引っ張ることはしないでしょう。あくまで私の想像ですが……。

サラリーマンになった東大生は何をすべきか

私は「知力・体力・財力」があればサラリーマンで最強だと昔から思っています。知力は、もともと東大卒であれば問題ないでしょう。

体力はジョギングなどで鍛えればいいでしょう。かく言う私もジョギングをかれこれ35年続けています。サラリーマン時代は昼休みに、サラリーマンをやめて時間が自由になった今は、毎朝8キロあるコースを45分かけてジョギングしています。

別に大会に出るわけではありません。健康のため、というよりも習慣です。ジョギングシューズとTシャツと短パンさえあれば何処でもできるので、海外出張の際もどこでも走りました。

インドでも中国でも、それぞれ100日以上滞在したので、合計で何百キロを走ったことでしょうか。滞在するのが主に地方だったので、空気はそれほど汚染されていませんでした。

ジョギングは思考に大変向いている運動だと思います。他のスポーツと違って、走る方法は特に考えずとも、ほぼ自動的に走れますので、ジョギング中はいろいろなことを考えています。新規不動産の収益計算も45分あれば簡単にできます。

財力でいえば、サラリーマンであれば、まずは出世することです。私のサラリーマン時代の失敗事例を参考にしてもらえたら、多少は助けになるかもしれません。

同じ職場にこだわらないのであれば転職をして、より良い条件の職場に移る、資格を取得することも選択にあるでしょう。転職の壁といっても、結局のところ「するか・しないか」だけの問題です。

さらに財力を築くために、もう一つ重要なのは投資や今はやりの副業による副収入です。これは、昔から思っていることです。

大学時代にはアルバイトを結構していましたし、卒業して何百万円か貯金がありました。また就職してからは、当時は高金利だったこともあり、まず住宅財形貯蓄を非課税限度額いっぱいまで積み立ててました。

私の場合、会社で地位を取れなかったときのリスクヘッジとして、そして序章でも書いたように叔母が賃貸経営をしていたこともあり、不動産投資を始めることにしました。33歳のときです。

結果的に、私は最下層の中間管理職である課長にしかなれなかったため、そのリスクヘッジが活きたということでしょうか。ただ、不動産投資の副作用としては、「いざ！」という時の経済的バックグラウンドがある安心感から、上司に楯突いてしまうことが挙げられます。

ストレスを溜めないので鬱にはなりませんが、会社の出世の階段を上るにあたっては気を付けないとマイナスになります。

他の学生にあって東大生にないもの

東大生には理解力・集中力・スケジューリング力など優れている部分がある一方で、欠けている要素もあります。

それが、第1章でもお伝えした「共感力」です。特に東大の理系の人間は、男性脳である傾向が強いはずなので、そうなる傾向が強いと思います。しかし、他人からとやかく言われず、自分の思った通りのことを組織の中でそれなりに実現したいのであれば共感力は必要です。

私には共感力がほぼありません。

それで出世ができずサラリーマン人生は失敗したわけですが、サラリーマンが自殺したりする記事を目にするたび、「死ぬほど嫌な仕事や人間関係があるのなら、自殺をしたり、鬱病になる前に会社を辞めればいいのに」とシンプルに思ってしまいます。

私の場合、サラリーマン時代は上司であっても、間違っていることがあれば平気で指摘していました。それによって出世ができなかったとしても、我慢して鬱病になったり自殺するより、はるかにいいと思います。

サラリーマンになる程度の東大生とは

ここで少し脱線しますが、サラリーマンになる程度の東大生のエピソードです。

最近、北野唯我氏の『天才を殺す凡人　職場の人間関係に悩む、すべての人へ』（日本経済新聞出版社）を読みました。

内容は面白いのですが、私が違和感を抱いたのが、本書での「天才」の定義です。上納アンナという優秀な人間が天才と分類されていましたが、「この著者は、本当の天才を見たことがないのかな？」との印象を受けました。

私は東大の理Ｉに入った後、教養学部で幾何の授業を大教室で受けていた40年前のことを今でも鮮明に覚えています。私には全く理解できなかった「n行n列」の問題について、教授とさしで議論を始めた学生がいたのです。

当時は、日本の教育史で最も難しい教育指導要領が使われていたため、確か2次元の行列は高校でも教わっており、３次元の行列までは理解できたのですが、私はn次元の行列は全くイメージができずお手上げ状態でした。当時の私はかなり頭がいいと自負していましたので打ちのめされたのです。

「天才とは、こういう人間なのだろうな」と、ショックよりも呆然とした記憶があります。

東大の理科Ｉ類には、約１０００人の学生がいます。その中にはある割合で、本当に頭がいい人間がいて、私の個人的な定義では、それが「天才」なのです。

彼らはその後、数学科や応用物理学科に進むのが常でした。これに似たような経験は多様の東大卒が持っているようで、会社の後輩で東大の原子力工学科出身の人間も同様のエピソードを語っていました。

それに比べて、本の中で天才とされていた上納アンナは、私にはどうも天才とは考えられないのです。ちょっと人と違う、凄いことを思いつくだけの優秀な人間というキャラクターとしか捉えられませんでした。

付け加えると、付き合いのある投資家がやはり東大卒で、ボストンコンサルティングを早期に卒業した人間なのですが、彼と飲んでいた時、この「n次元の行列はわかんなかったよね」という話で盛り上がりました。

おそらく、これが東大生の大多数で、サラリーマンになる程度の、約80%の人間なのです。今まで偉そうなことを言ってきましたが、上には上があるのです。悲しいことに、それを多くの東大生が分かっているからサラリーマンになるのです。

慶応大学の存在意義

さらに脱線ついでにいうと、私は慶大生が嫌いです。それには2つ理由があって、1つ目は彼らがどこでも三田会を作り群れるのが生理的に嫌いなのです。皇居のジョギングでもいつも感じるのが、チーム競技でもないジョギングでグループで走っている人に対する嫌悪です。多分、自分に共感性がなく群れることができないせいでしょう。

2つ目は、非常に個人的な理由です。大学の卒業旅行として人生初の海外旅行にアメリカに3週間ほど行きました。1ドル200数十円時代の貧乏旅行です。その帰りの飛行機で、確かシンガポール航空だったと思いますが、2人の慶大生と知り合い機内で旅行の話で結構盛り上がりました。

ところが成田に着いたときに彼ら2人には、私が大学時代に会ったこともないような美人の彼女が迎えに来ていたのです。私には誰の迎えもありませんでした。それ以来、私は慶大生が嫌いです。

そうはいっても、子どもたちが大学受験の時に慶応大学を受けたので、万が一子どもが慶大生になった場合のことを想定して、いろいろ慶応大学のことを考えました（40年前に私も慶応大学の工学部（当時）を受験して合格はしました）。そしてたどり着いた慶応大学の存在意義は「頭は悪いが、家柄がよかったり親が金持ちである一定数の慶大生がいる」ということでした。多分、彼らのほとんど全ては内部進学生です。

このことは言いかえれば、他の慶大生にとっては、社会に出る前に知る世の中の不条理です。要は金とかコネが、社会では時にはより重要である事実を学生時代から知るのです。

東大には、家柄がよかったり親が金持ちである学生はいますが、頭が悪い学生は存在しません。そうすると何が起こるかというと、頭がいい人間が偉いという価値観を修正するチャンスがないのです。これは理系の進学選択で点数がいい人間から好きな学科に行けること、上級職公務員試験で優秀な人間から大蔵省（当時）に行く、などの事実でさらに強化されてしまうのです。これは私が、サラリーマンとして失敗した最大の原因です。

さらに社会にとっては、たまたま金持ちになった人間や、家柄がいいだけの人間への学歴授与機関として、貴重だともいえます。そのためには、大学から入ってくる大多数の人間の知的レベルを高く保っておき、慶応大学の全体としての優秀さは保っておかねばなりません。

しかし、大学入試で成績以外を理由にして合否を決めると何が起こるか、最近起こった私立の医学部の入学試験での差別問題でも明らかになったように、日本社会では、自動的に試験の結果、すなわち、頭の良さだけが大学入試の基準になるよう要求されているのです。

この結果、既に世間の評価が定着している慶応大学の、大学からの入学者の知的レベルは保証されているのです。そこに少数の「頭は悪いが、家柄がよかったり親が金持ちである一定数の内部進学生」を紛れ込ませればいいのです。

小学校受験の合格基準などはどうにでもなるので、その段階でそのような金持ちの頭の悪い子息を入学させればいいのです。アメリカのハーバード大学でも大学の入試で似たようなことをやっていますが。

この2つが慶応大学の存在意義であるとの結論になりました。幸いなことに2人の子どものどちらも慶応大学に進学しませんでした。

私がサラリーマンを卒業した理由

東大卒の30代のサラリーマンが50歳のとき、もし会社にいるとすれば、どんな選択肢が考えられるでしょう。

会社で出世できたり（これは私の場合ありませんでしたが）、仕事が面白くて仕方がなかったりするのであれば（これが私の場合でしたが）、第４章と第５章で述べるように、事業用の不動産３億円くらいの資産規模を維持しておけばいいと思います。

約３億円で３棟であれば運営はそれほど大変ではありませんし、サラリーマンが本業に影響を与えないで行えるレベルです。サラリーマンの兼業としてバランス的にちょうどいいのが１～３億円だと思います。

私自身、３棟の時代は、毎週の土日のどちらかを使って十分に運営ができて余裕もありました。私が「兼業では厳しいな」と感じた規模は、10億円を超えたくらいです。

土日のほとんどを不動産のトラブル対応や見回りに費やすようになりました。その規模にまでなったら、兼業から専業への検討もしなくてはなりません。

そのような年齢を過ぎて、私が会社をリタイアしたのは「転籍希望先の会社に受け入れを断られたから」というのが理由です。

2017年に満56歳を迎え、そのときに他の企業に転籍するか役職定年し雇用継続するかの選択をしなければなりませんでした。ちなみに雇用継続になると、それまで年収1000万円だったのが、300~400万円にがくんと下落します。

私は、2017年には、不動産から安定的に1000万円超のキャッシュも出ていて、規模も兼業の限界に近かったのですが、サラリーマン生活の最後の5年間に出向していた会社での仕事が面白かったので、「60歳までは働いてもいいかな」と思って転籍を選択し、出向していたその会社に転籍を申請しました。

ところが、その会社に受け入れを断られてしまったのです。理由は、「社会人として常識がないから」とのことでした。

会社生活の最後の5年間に出向していた会社は、公用語が英語の国際的な組織の東京支部で、海外に毎年200日くらい出張していましたし、仕事は大変に面白く、やりがいがありました。

主にアジアの原子力発電所に行って、英語を使って技術指導をしていました。自分で書くのも何ですが、日本人の中で一番優秀なレポートを書いていたと自負しています。そもそも外国人と対等に英語でディベートできる日本人は私くらいしかいなかったのです。

それは外国人の上司も認めていました。仕事のパフォーマンス評価は6段階評価で一番上の評価を、直属の米国人の上司からもらっていました。

ところが、出張が多い上に、出張先では深夜や土日も働く一方で、日本に帰ってきてからは9時〜17時までと決まった勤務時間がない働き方でした。そんなこともあり、東京にいるときも勝手に昼休みをズラして13〜14時までジョギングをしていました。そうしたことを出向先の長に見られていたのです。

この職場のような働き方では出張時の残業時間がべらぼうで、非管理職は年の半分くらいで出張が制限されたりしていました。仕事の成果が技術指導のレポートだったこの職場には、おそらく裁量労働制が適しているうえに、裁量労働制を導入しないと、仕事が回らないように感じていました。導入されていれば、いつジョギングしようと全く問題なかったのですが。

さらに、一番優秀な指導レポートを書いているのは、プライドが高く自分の仕事のやり方に自信を持っている相手にとっては、一番痛いところを突かれるという意味で非常に不愉快なことでした。ややこしいことに、この組織はこれらの顧客が自らお金を出し合って作ったものだったのです。

つまり、一番優秀な指導レポートを書くのは、組織の出資者に不愉快な事実を突きつけるということなのです。空気を読まずにこのようなことを無邪気に平然とする人間は、余計な摩擦を生むという点で、現状追認型の日本の組織ではうっとうしい人間なのです。

また、出張先ではチームで仕事をしていたので、日本の組織の論理としては、和を乱し、さらに空気を読まずに余計な結果を出すような人間は要らないということで、結果トップである日本人の上司からは「不要」と判断をされたわけです。私のその上司には事あるごとに逆らっていたのも一因でしょう。

日本人の上司としては、「ある意味では素晴らしいが、組織にとっては余計な結果を出す人間よりも、使いやすくて自分の管理下における人間のほうがいい」のは、たぶんあり得て、結局は日本の組織だったので、私もしょうがなく納得しました。「こんな優秀な人間を使わないのは勿体ないのにね！」というのが素直な感想でした。

そのタイミングですでに事業用の不動産の資産規模は10億円をかなり超えており、そこからの仕事量もぼちぼち専業にしないと身が持たないと思っていた状況でした。10億円は2012年くらいには超えていたと思います。

2012年は不動産投資を始めてちょうど18年が経ったときで、最初の3物件のローンが完済していて、税引き後1000万円超のキャッシュが安定的に入っている状況でした。会社をもう少し早く早期リタイアする選択肢もあったのですが、ついつい仕事が面白かったのでその後も仕事を続けていたわけです。

このような状況でしたので、会社を辞めるときは、金銭的には何の不安もありませんでした。家族が反対することもありませんでした。人生の重大な進路変更は自分の意思だけではできないのかもしれません。結果的には潮時でした。

私は、外資系のような非日本的な組織に向いていたのかもしれません。改めて自分の人生を総括すると、そう思います。しかし一方で、外資系に勤めて仕事で忙しくなり過ぎていたら、不動産投資という副業をする余裕はなかったでしょう。

人生において大きくのしかかる教育費の負担

私には2人の子どもがおり、上の女の子は私立の医学部、下の男の子は、東大に通っています。私が言うのも何ですが、優秀な子どもたちです。

年収1000万円以上稼ぐ人は全給与所得者の4％と前章で書きましたが、たとえ年収1000万円でも、子どもの教育費ではやっとというレベルです。この教育費について、私に実際起こったことを中心に述べたいと思います。

子どもたちは、中学受験をしました。私と妻は公立高校出身なので中学受験はしませんでしたが、現在の東京での教育環境を考えると当然の選択肢でした。子どもたちは比較的授業料が高い塾に通っていたので、中学受験では小学4年から6年まで、各々約300万円かかりました。

また、上の子は学費が比較的安い私立の中高一貫校でしたから年間約40万円で6年間で約250万円、下の子は国立の中高一貫校で6年間で約50万円。大学受験では2人とも浪人したので各々約200万円かかっています。

上の子は私立の医大に進みましたから学費が6年で2200万円、下の子は、現状では理系は修士課程までいくのが多数派なので、恐らく6年で300万円です。

上記を合計すると、単純に学費だけでも3800万円です。これは一般のサラリーマンからすると大変な負担です。

これが、もしも子どもたちが浪人せずに上の子が、私立でなく国立の医学部にいけば1500万円です。

また東京では、「中高一貫校に通わせたい」というケースが多いのですが、今は都立高校も復活していますので、公立だけで進学できればより安くなります。

社会に出たときの学歴の効用があまりない事実が広く知られてくるようになったためか、最近は優秀な女子は医師を目指すことが多いようです。

自宅から通える国立の医学部であれば300万円です。私立の医学部は最低でも2000万円前半、地方の国立大学も300万円ですが、生活費で600万円程度かかるため、総額で1000万円を見なければなりません。

年収が800万円程度で、この年収は税引き後ではなく住民税・所得税・厚生年金・健康保険もかかります。可処分所得は５００万円といったところでしょうから、この中から捻出するのは本当に大変です。

子どもの学力が著しく低ければ、「そこまでお金をかけても仕方がない」という判断もできます。もしくはもっと優秀であれば、中学受験をせずに公立に入ったり、都立の中高一貫校や塾の特待生という道もあります。

ところが、中途半端であればあるほどお金がかかる仕組みになっているのです。とくに中学校受験ではそうなっています。

話は逸れますが、中学受験では成績上位層は極わずかで、「がんばれば、そこそこいい高校に進学できる」ところがターゲットだそうです。

マスの母集団の多い中位校を狙う層が利益の源泉なのです。追加の講習を足したり、家庭教師や個人指導をつけたりする場合もあります。塾のほうも一番良い学校に合格させるのは、経済合理性で言えば第一の目的ではありません。

一部の子どもが一番良い学校に行って、それを宣伝に使って、塾に来てくれる母数の数を増やすのです。

また、聞いた話では中学受験に成功しても学校の授業についていくために、家庭教師をつけたり塾に行かせないといけないケースもあるそうです。そうなると、恒常的に高額な教育費がかかっていくことになります。

そういう意味では、親としては中途半端が一番困るといえるのかもしれません。勉強に向いていないのだったら諦めることもできるからです。

大学受験での浪人は年間百万円単位で学費がかかってきます。私の上の子は、東大とは違って特有の受験対策が必要な私立の医学部に進んだため、浪人を余儀なくされました。さらに下の子も、国立の中高一貫校を卒業したものの、浪人を余儀なくされました。

頭がよければ1年間だけ予備校に通えば医学部や東大に合格できます。やればできるのです。

このような高負担の教育費は、我々の時代は一人馬力でそれがギリギリできました。今の時代では配偶者も働かないと無理でしょう。私の世代はたぶん専業主婦が当たり前のように存在した最後の時代です。現在、専業主婦は絶滅危惧種になっています。

東京に住んでいれば居住費も高くなります。つまり生活費と教育費の負担が多く、だからこそ子ども1人しかつくらない傾向にあるのでしょう。そこそこの場所に住んでそれなりの教育を与えようとすると、子ども1人が精一杯なのは非常に現実的だと思います。

なお、「老後の資金が2000万円足りない！」と大騒ぎしている人たちがいますけれど、老後資金は教育費や生活費とは別建てです。

生涯年収から計算すると明らかに不足

居住費は東京の分譲マンションを購入したとして6000万円。金利や管理費などランニングコストで7000～9000万円のコストがかかります。

第1章で解説しましたが、大卒サラリーマンの1人の給料で生涯年収2億7000万円ですが、住民税だけでも一律10%かかります。財務省のホームページを見ると、社会保険料や税金を考慮した「国民負担率」という言葉がありました。

これによると日本の2019年の国民負担率は42・8%とありました。そのうちの租税負担率は、25・4%とありました。

社会保障費は、賦課方式の年金制度をとる日本では払った年金は結局自分に戻って来ると大雑把に仮定して、租税負担率の25・4%のみを考慮して可処分所得を考えると、生涯年収2億7000万円は可処分所得で2億142万円、約2億円となります。

そこから住居費7000万円、教育費を仮に2000万円として差し引くと、残りが約1億1000万円です。

その1億1000万円で40年を生きるとしても計算が合いません。住居費、教育費を除いて年額300～400万円は最低でも欲しいところです。そうすると40年で1億2000万円から1億6000万円になってしまいます。現実には一馬力で本当にギリギリで、老後に2000万円が足りなくなるとのレポートは甘いとすら思えます。


私が勤めていた会社の元同僚は親の支援を受けていました。彼の子どもが私立の医学部へ進学したのですが、学費は医師である祖父がすべて払ってくれたそうです。多くの場合はそうでもなければやっていけません。

実際のところ、前章で見たように東大卒であっても、サラリーマンであれば収入面では600万円か700万円にもならないかもしれません。

最近では給与体系が変わってきており、給料自体が低下傾向にあるうえ、40歳や50歳になっても上がりません。年功の部分が少なくなっているのです。すなわち最も教育費がかかる時期に高収入が期待できないことになります。

東大生の親は高収入

よく「東大生の親は年収1000万円以上が多い」といわれ、親の収入と子どもの学歴には相関があるのは明らかになっています。さらにこのことは、今後ますます強化され、格差が固定化し、さらには広がる恐れすらあります。これには2つの背景があると思います。

まず我々の世代だと、父親は東京に出て来た一代目であることが多く、彼ら自身教育を受ける機会が限られていましたが、「今は違う」ということです。

父親の世代では、大学にすら行っていない人たちでも、東大レベルと同じくらい頭のいい人が一定数いたのです。

つまり学歴がなく貧乏でも、頭のいい親が一定数いました。私の父親も旧制の中学卒で家もそんなに裕福ではありませんでした。そもそも当時の東京には、そんな家が少なくありませんでした。東大の同期でもずっと東京に住んでいる人はあまりいなくて、我々世代の親の大半は地方出身者です。

例えば、80歳くらいの父親は、終戦後に初めて東京に出てきて働き、お金を貯めて家を買った層です。彼らは、田舎の中学・高校しか出られなかったため、学歴と頭の良さが比例していないことがよくあります。

それが私の世代になると、学歴と頭の良さがそれなりに比例してきます。そして、頭の良さと収入には相関があります。

今はその次の世代なので、その相関がさらに強まっているといえます。我が家もそうですが、親が東京にずっと住んでいることが普通になったのは、今の子どもたち世代からです。我が家の子どもたちも、品川に住んで毎朝通学で渋谷を通ることが当たり前だと思っているでしょう。

つまり、「親は学歴がなく貧乏だけど地頭はいい」ケースは、これまでの一代で出尽くしているのです。これからの東大生には、田舎から出てきて親は高卒という、私の世代では時々あったパターンは少数派になるでしょう。

2つ目は教育費の高騰です。

私の場合、横浜市立の田舎の中学校に通って、（レベルの低い田舎の中学校のため）創立以来トップの成績だったので、定員の10％だけ許されていた学区外枠で湘南高校に進学し、現役で東大に入りました。

高校の学費は確か月5000円で、私が入学した1979年当時の東大の学費は年間14万4000円でした。学費は、私の子どもたちに比べると微々たるものです。

今の東京でいうと、公文くらいしか行っていないのに、都立高校、東大と進んだパターンです。このように我々の時代は少しくらい貧乏でも東大に行けたのですが、今はそうではないのです。

所得が上がらないのに教育費は上昇し続けています。東大の1年間の授業料は約60万円ですが、早稲田の理工学部だと約170万円です。6年で約1000万円かかるわけです。

上の子が行っている医学部ですが、東京の国立医学部の場合、東大と同じで授業料は年間約60万円、それが6年間なので、およそ400万円です。

地方の国立医学部の場合、そこに毎月10万円の生活費を仕送りすると考えると、6年間で約720万円、授業料を足すと約1000万円以上かかります。

私立の医学部だと、例えば順天堂大学の場合で2200万円ほどかかります。慶応の医学部、慈恵医大も同じくらいです。それ以外では3000万円クラスの学校と4000万円以上の学校に区分されます。

そして、医学部の偏差値はこのような総経費に反比例するのです。例えば、順天堂大学の医学部は数年前に学費を現在の2200万円に下げたところ、偏差値は慶応の医学部レベルまで上昇し、私立の医学部ではトップレベルになりました。

自分が東大を出たのだったら、子どもにも同じくらいの期待をするでしょう。そうなると、大学だけでも1000万円では足りない場合が出ます。

日本で素晴らしいところは、他のアジアの国と比べても貧富の差は小さいし、貧乏な家からそれなりの大学に行かせることも可能です。まだ、親が貧乏でも子どもが裕福になれる可能性は十分ある社会だと思います。

サラリーマンのシステマティックリスク

最近起こった関西電力の経営幹部らの金品受領問題や、第一勧業銀行総会屋利益供与事件などといった、大企業の不祥事は定期的に起こりうる可能性があります。

不祥事が起これば経営陣は一掃され、不祥事に関わらなかった下の世代がそこを埋めますから得をすることになります。とはいえ、そういうことの予測もコントロールもできません。それはサラリーマンの大きなリスクです。

また、今は大企業であっても簡単につぶれます。外資系であれば実力主義であり、リストラの覚悟もありますが、日本を代表するような企業であっても破綻はあるのです。代表的なところで国鉄や日本航空が経営破綻しました。東京電力も実質上、破綻状態に追い込まれています。そこまでいかなくても事業の存続のためにリストラを行う、早期退職を募るケースは多々あります。

これらの企業に勤めている人は、絶対につぶれないと思って入社したはずです。大卒の8割が就職として、大卒で新入社員になる人は30万人から40万人。破綻率としてみれば小さいにしても、病気で働けなくなる可能性もあります。

製薬会社ルンドベック・ジャパンによる「職場での鬱病の影響調査」(2014年)によれば、日本を含む16カ国において「鬱と診断されたことがある人の割合」によれば、「英国」が27%で最多となりました。日本(同率10%)は14位と他国に比べて低いものの、10人に1人が鬱病の経験者であることが判明しています。

この調査は、従業員もしくは管理職であった16~64歳の成人を対象に行っています。つまり、日本の組織で働くと統計的に鬱になる確率が10%とあるのです。

私が言いたいのは、サラリーマンは事業環境、会社の存続など外的要因が一切コントロールできない現実です。また、出世もほぼ自分でコントロールできません。これらはサラリーマンならではのシステマティックリスクといえるでしょう。

※元データ　https://news.mynavi.jp/article/20150309-a372/

東大生に待ち受ける未来

いかがでしょうか。第1章で見た通り、東大を卒業して一流企業に就職してサラリーマンになっても、出世ができる確率は限られています。

私のサラリーマン人生ではその点では失敗といわざるを得ません。一方で、何とか子どもたちに自分と同等の教育を受けさせることができ、都心に住むこともできました。

東大卒で、普通の人よりも稼いでいたとしても、結婚して自分一人、つまり「一馬力」で普通の東大卒レベルで稼いでいたのでは、このような環境で暮らすことは難しかったでしょう。私がサラリーマンだったときも、東大卒の発電所の所長が横浜市旭区の団地に住んでいましたが、年収1000万円以上ある人が、団地住まいだったのは違和感がありました。

当時雲の上の所長レベルの人が、相鉄線からバス便の団地しか住めない実情に大きなショックを受けました。

サラリーマンとしての私のような失敗を避けるためには、まず一馬力を高めるために、出世するための努力をしたり、資格を取ったり、転職をして年収を上げるなど、自分に投資することは当たり前です。

とはいえ、仮に業界で最難関の国家試験も合格し、理系であるにも関わらず、英検1級を取得し、ＴＯＥＩＣも９５０点くらい取れたとしても、出世と給料は自分では決められません。

そこで、私の経験から選択肢になるのが不動産投資です。

東大卒のサラリーマンに向いた不動産投資については、次章以降で具体的に見ていきたいと思います。

3

第3章

東大生よ、一馬力ワールドから抜け出そう！

多馬力の世界の選択肢——一馬力の世界から抜け出すためには

第1章で解説した通り、大多数の東大生が選択するサラリーマン（給与所得者）としての生涯賃金は、「2・7億円（大卒男性平均、ユースフル労働統計2017）＋α」です。

この（2・7億円＋α）でそこそこ豊かな生活、例えば通勤が苦にならない程度の場所に自宅を持ち、子どもに十分な教育投資を行い、退職後は自立した生活を送れるのはほぼ不可能といえます。この点については第2章に記載しました。

結局のところ、何らかのレバレッジをかけない限り、一馬力（これ以降1人の生涯収入である2・7億円＋αを一馬力と定義します）の世界からは抜け出せないのです。私の経験から提案する、そこそこ優秀なサラリーマンが取れる方法は以下の通りです。

【人にレバレッジをかける、言い換えれば労働にレバレッジをかける】

①αを最大化する（賃金の高い職業を選ぶ、出世し収入を増大する、転職し収入を増大する等）
②（2・7億円＋α）×2とする（結婚して配偶者に働いてもらう）
③（2・7億円＋α）×3以上とする（事業を起こして他人を雇って彼らに働いてもらう）

【お金にレバレッジをかける】

④投資をしてお金（資本）に働いてもらう

一馬力の世界を抜け出す前に、まずは自分の能力を高めることが重要だと思います。東大卒なら理解していただけると思いますが、一馬力でもしっかり稼げるように努力しなければならないのです。

東大卒のような優秀な人間は、まず①を目指すべきです。特に20～30代前半は自分を高めることに注力すべきだと思います。

次のステップ②は、結婚している人は妻にも働きに出てもらいましょう。これで単純に「二馬力」になります。二馬力になれば世帯年収が上がりますから、投資をしなくても副収入をあてにしなくても、子どもを何とか育てることができます。私の世代では、私を含め多くの人が何の考えもなく配偶者を専業主婦にしてしまいましたが……。

そして、さらに大きな人的レバレッジをかける自信があったら③を目指します。発想を変えて「人に働いてもらう」、つまり自分で事業を立ち上げるのです。

起業するところまでいかなくても個人事務所を開くなど、自営業でも構いません。しかし、そうなった場合は会社を辞めなければなりません。

もし起業して事業がうまくいけば、それこそ稼ぎは青天井ですが、失敗した場合のダメージが大きく、かなりハイリスク・ハイリターンの世界です。

例えば、巨額の富を築いたZOZOの前澤前社長にしても、ファッション等のプラットフォームを思いついた人は他にもいたことでしょう。スマートフォンの普及率があるレベルに達していた等のタイミングがよく、そして肝心な場面で適切な決断ができたからこそ、あれだけの成功を収められたのだと思います。

私も普段は不動産事業を営んでいたり、個人経営の会社を運営していて感じるのですが、そのレベルの経営者に要求されているのは、ノーベル賞の受賞のような高度に知的な作業ではありません。

ほとんど全ての場合、既存の知識をそのまま使うか、または、ちょっと別の角度から見て工夫をするか、既存の知識を組み合わせたり、既存の知識に変化や新しい要素を加えるだけの話です。人類の過去の知の蓄積は膨大なのです。だいたいのことは昔誰かが思いついているのです。

そういう意味では、知識はあるに越したことはありません。知識を詰め込めば詰め込むほど、新たな発見ができるようになるのです。

ちなみに、自営業から法人成りして人を雇っている人はたくさんいますが、失敗しているケースも珍しくありません。これは一人で拡大するフェーズ（側面）と他人を巻き込んで拡大するフェーズで、創業者に求められる力が異なることもあります。

要するに、多くの東大卒にとって自分と同じことが他人はできません。雇った人が自分と同じように経営的目線を持ち、共に支え合っていければいいのですが、実際はあなたに「寄り掛かろうとする人」ばかりなのです。

単純に考えて、起業したばかりの貧弱な会社に有能な人材が来てくれることなどありません。東大生レベルの知能を持った人を雇うのは、まず不可能です。

そのため、私は人を雇うことはせず、自分でできない修繕や物件管理等の業務はアウトソーシングしています。

その際も完全に人任せにせず、ポイントを押さえておく必要があると考えています。

最後の「④お金にレバレッジをかける」ですが、そのためにはまず第一に、お金に働いてもらわねばなりません。お金から収入を得るということは、つまり投資をすることです。例えば、金利は低いですが定期預金や、国債を購入し、利子収入を得る。また、株式に投資をして、配当収入やキャピタルゲインを得るなどもあります。不動産に投資をして、家賃収入やキャピタルゲインを得るのもその一つです。

ここで、大げさな言い方をすれば、フランスの経済学者トマ・ピケティも唱えているように、歴史的事実として「資本収益率（r）は常に成長率（g）（労働からの収入）」を上回っているため、長期的に見れば④は必ず有利です。その意味で、「労働収入を得る側」から「資本（お金）からの収入を得る側」へ移動するのが長期的な目標となります。またこの④は①②③と並行してに行うことが可能です。

第二に重要なことは、働いてくれるお金にレバレッジをかけることです。すなわち自分がサラリーマンの収入として稼いだお金をそのまま、例えば現物の株を買うなどしてもリもリターンは元金に対して高々年数％です。キャピタルゲインがあれば何倍にかにはなるでしょう。定期預金や、国債の場合は年1％以下です。この効率を上げるために必要なのがレバレッジです。

例えば、株であれば現物ではなく証拠金を入れて何倍かの価値の先物に投資をする、やはり証拠金を入れて何倍かの価格のFX取引をするなどです。

私の考えでは、ここがポイントなのですが、世の中で人のお金を借りて大きなレバレッジをかけられる真っ当な投資は、不動産投資のみなのです。というのは、不動産投資は実物資産の裏付けがあり、投資という側面より事業という位置づけが大きいため、人のお金を借りて大きなレバレッジをかけられます。

そして、下方硬直性がある家賃が投資に対するリターンであり、さらに実物資産の裏付けがあるために、私は真っ当な投資と考えているのです。そこが株の先物や、FXのような投機的な投資と根本的に違うところです。

ここで、「レバレッジをかける」にはリスクコントロールが必要です。ありていに言えば投資で失敗して自己破産し、身ぐるみはがされないようにしなくてはなりません。ですから「かぼちゃの馬車」のような事態は、自分で考えて避けなければならないのです。

また、不動産投資については、確かに、日本のような人口が減る国では、長期的には不動産価格は低下するので、キャピタルゲインの点では不利であることは間違いありません。ただ私の経験からは、融資をうまく使ってさらにちゃんと考えて事業を行えばそれを十分以上に補えるのです。それを次章以降で述べたいと思います。

話を戻すと、人に雇われて自分一人で働く一馬力①、あるいは夫婦で稼ぐ二馬力②では限界があります。そこで思考を変えて、最終的には「③他人に稼いでもらう」、あるいは「④お金に稼いでもらう」と考えなければいけません。

ここで、東大卒だからこそ、その他にあるのは「⑤知識に稼いでもらう」ということ。東大生の知的水準を生かして、何らかの知的所有権を獲得し、それを使う手もあります。その中で一つの究極がノーベル賞の受賞なのでしょうが、大学の教授になった同級生は何人かいます。そういう自分ならではの強みを生かすのも一手です。

いずれにしても一馬力から抜け出さない限り、どんなに頑張っても収入の壁にぶつかります。

投資の鉄則「分野は集中」「時間は分散」

投資に関連して、「投資の鉄則は分散」といわれます。

分散投資は、資産が何億円、何十億円もあり、減らさないことが主な目的なら効果的だと思います。しかし、私の経験では、例えば元手が1000万円くらいしかなく、資産を増やすことが目的なら、貴重な戦力を分散していては資産が拡大できません。自分が得意な分野に集中投資すべきです。

私にとってその分野が不動産でした。そして資産が増えてから分散投資に舵を切るべきです（私はまだ、分散投資に舵を切っていませんが）。

私は、株式投資もそれなりにやっており、所有株式の時価総額は約2000万円ほどです。

しかし、自社株が2011年の東日本大震災で暴落し、そこで800万円ほど損を出したため、他の株では利益が出ているものの、トータルでは投資した元本より、わずかに増えているくらいです。配当は年間35万円（税引き後）程度あります。IDeCoも所得税の控除をとるために満額やっています。

退職により会社の確定拠出年金から個人型の確定拠出年金に移行したのですが、移行により一旦元本がリセットされてしまったため、損益がよくわからなくなってしまいましたが、おそらく約900万円の元本が1500万円ほどになっています。

投資信託もインドの株式に投資するファンドへ15年ほど継続的に投資していますが、投資元本約４８０万円が７２０万円ほどです。このように利益は出ていますが、不動産ほどではありません。

債券投資もしました。昔は利率がいい中期国債ファンドも買っていました。失敗したのは社債への投資で、利率が良かったスーパーのヤオハンの無担保社債を買ったのですが、その後に会社が破綻し１００万円を失いました。

ただし、他の章でも述べたように時間は分散しましょう。不動産投資では、融資がなければ不動産を購入できない、私のようなエンドユーザーの不動産投資家が、底値で物件を買えるわけはありません。とはいえ、長期にわたりコンスタントに条件に合う不動産を買い続ければ、トータルで見ればそれなりに結果が出るのは、不動産投資のドル・コスト平均法（定額購入法）のようなもので、時間を分散した投資だからです。

さらに言えば、不動産投資は、自分できちんと考えて仕組みを作れば規模を拡大しても効率は低下しません。しかし、人を雇って事業を行う場合ですと、３人雇っても単純に収入が3倍になるわけではないのです。

当時はそんなことを考えながら不動産投資を始めたわけでもないですが、結果的にはそういう道を辿っています。

4

第 4 章

自宅を購入する前に1棟を購入する

最初に購入する不動産が自宅ではいけない理由

自宅購入は大きな資金投入をすることになりますが、自宅は収益を生みません。自宅は原則的には使うと価値が減っていく資産です。だからこそ1棟目には、収益を生む不動産を購入することをお勧めします。

ただし、一定の社会的な経済条件下では、自宅購入がキャピタルゲインを期待する投資となりえます。一定の社会的な経済条件とは以下のような場合を指します。

①人口が継続的に増加することが確定的な時期、場所での自宅購入（高度経済成長期の首都圏やこれまでの中国沿海部）

⬇

日本ではもう再現する可能性はありません。

②事業用不動産融資が大きく絞られ、不動産価格が暴落した場合（バブル後の不良債権処理が本格的に実施された1990年代終盤から2000年代初頭の日本、2008年のリーマンショックの後等）

⬇

このような場合でも、自宅用の住宅ローンは借入れ可能なので、安値で自宅が購入できます。

現在は、国内の不動産融資が絞られても、外国人投資家（特に中国人投資家）が参入してくるので、不動産価格の暴落自体が起こりにくいといえます。

私の場合、3棟目を購入した以降の1997年から、4棟目を購入した2007年までの期間がこの②のケースに当たり、上の子が幼稚園に上がるころの1999年末に、山手線の内側で品川駅徒歩10分の約95坪の自宅用の土地を7800万円で購入しました。現在の資産価値は2億円超でしょう。

最近の特殊な場合として、③2012年以降の安倍政権下での東京都心マンションの値上がりを利用した、自宅マンションを買い換えることによる値上がり益の実現化がありました（沖有人氏の『2020年以後も勝ち続けるマンション戦略バイブル』に詳しく書かれています）。

私のこれまでの経験に基づく予想では、東京都心のマンションの価格はほぼピークで、建築単価の高止まりで今後は大きく下がる可能性は低いものの、主な購入層であるサラリーマンの収入を考えると、これ以上に値上りするのは難しいと思います。

しかし、自宅購入時期は、ほぼ自分のライフサイクルの都合で決まるものであり、このような社会的経済条件が発生している時期と一致するとは限りません。

自宅の取得についていえば、どの時代にも自宅購入に関するトレンドはあって、私たちの時代は子どもを持つと千葉・埼玉・神奈川の郊外エリアで、6000万円程度で庭付きの一戸建てを買っていたわけです。それが最近は、共働きが主流になったこともあり、利便性を重視して都心のマンションに人気が集まっています。

私の会社の同僚は、専業主婦である妻と子どもを抱えながら、千葉や神奈川の郊外に一戸建てを買っていました。6000~7000万円で戸建てを買おうとすると、そのあたりが妥当なラインだったのです。都心で自宅を買っているのは私だけでした。私は、もう少しお金を出して土地だけで７８００万円でした。

将来、郊外の一戸建ての値段が低落傾向をたどるのに反し、都心の土地がこれほどまで上がるなど当時の私が考えていたわけではありませんが、「土地を見る目」という点では自宅を買う前に不動産投資をしていたことが有利に働いたと思います。

ここ数年は超低金利ということもあり、世帯年収１０００万円の夫婦で1億円近くするタワーマンションを購入するケースもあります。フルローンで組むと、金利と期間にもよりますが、月々の支払いは30万円足らずのケースもありますが、この支払いすらも年収１０００万円程度の世帯ではかなりの負担となります。

こうなると、自宅の購入が家計に対して足かせとなってしまいます。収入からみて適正な物件価格はもっと低いのかなと思います。

ちなみに、「先に収益物件を買ってしまったら、住宅ローンが組めなくなるのではないか？」という心配の声をよく耳にしますが、実際は住宅支援機構があるので、まったく気にする必要はありません。

不動産投資をはじめるタイミング

不動産投資を始める年齢は、「20代では早いけれど、40代では遅い」といえます。東大生がサラリーマンになった以上、サラリーマンとしての成功を追求するのが第一であり、特に20代～30代前半は自分を高めることに注力するべきです。20代で始める人を見ると、正直「もっと会社でがんばりなよ」と思ってしまいます。

悟り世代で、たくさんの情報が簡単に手に入るので、日本の未来やサラリーマンとしての将来に対して見切っているのでしょうか。

自分のサラリーマンとしての行き先の想像ができるのは、サラリーマンを最低でも10年くらいは続けなければわからないものです。

不動産投資は投下資金の回収や利益が出るようになるまでに時間がかかるものなので、早く始めた方が結果を出すには有利であることは事実ですが、私のような手法で、そこそこサラリーマンとしての成功（出世）の期待値が高い東大卒サラリーマンが、15～20年でローンを完済するような仕組みであればこのような結論になります。

情報収集・知識を得る方法

不動産投資の知識を得るのはまず本からでしょう。本は体系的・網羅的にまとめられているので、インプットの方法としてはおすすめです。

私が不動産投資を始めた25年前は、不動産投資本はあまりありませんでした。それが今では、大型の書店に行けば不動産投資本がたくさんあります。東急渋谷本店のジュンク堂に行ってその量に驚いたことがありました。東大卒なら多量の読書は苦にならないはずです。

ただしこの類の本は批判的に読まねばなりません。大学受験の参考書とは違います。不動産関連の本に書かれているのは、時代性や著者の属性に依存するノウハウが大半であり、何より「成功したこと」「うまくいったこと」ばかりが書かれるものなので、失敗した話はなかなか見かけることがありません。

さらに、本に書かれていることを鵜呑みにしてしまい、失敗するケースも多くあります。私もかつては多くの不動産投資本を読みましたが、本に書かれている通りのことを実践して儲けられるのなら苦労はしません。

本には「嘘」は書かれていないとは思いますが、すべてのことは書かれてありません。書かれていない事実や、隠されている情報を見つけるためには、自分の頭で考え、必要であれば自ら調べて裏を取ったり、自分で計算する必要があります。本を鵜呑みにして「この人ができたのなら自分にも簡単にできる」と信じるのは、あまりに浅はかです。

私の場合でも2年間の海外赴任があって、その際に、海外赴任手当以外に日本で支給される給与を丸々貯金できたこと。そして学生時代から貯金体質だったので、自己資金がそれなりにあった背景があります。


例えば、「主婦でもできた！」と力説する著者であっても、実は2000万円の自己資金を持っていた背景は本のなかで触れられていなかったりします。主婦といえども、自宅に住んでダブルワークしていれば、お金は貯まるものです。そのことを本では取り上げず、「主婦でもできた！」というキャッチーさを重視するわけです。

余談ですが、書店の書棚の動きを見ていくと、過去数年は数多くの不動産関連本が出ていましたが、最近に関していえばその数が減っています。

棚にぎっしり本が入っているときが不動産投資ブームで購入希望者が多いタイミング

……つまり売り時のピークと判断する見方もあります。今は縮小傾向にあるため、購入できる人が減っているタイミングなので、物件の買い時とはいえます。

無料で受けられるセミナーはあまり期待しない方がいいでしょう。私も面白そうなセミナーがあれば今でも出席しますが、自分の知識の棚卸にはなるものの、無料で素晴らしい情報が得られたことはほぼありません。無料セミナーの多くの目的は、個人情報の獲得にあることにも注意が必要です。

借金は悪ではない

よく「不動産投資は借金をするから怖い！」との声を耳にします。それは多くの日本人は「借金は悪」という概念を刷り込まれているからでしょう。不動産投資に対しても奥さんが反対して、保証人のハンコを押してもらえないケースがあります。

しかし、17億円もの借金を抱えている私から言わせると、不動産には「実物」としての確固たる裏付けがあるわけです。

例えば、1億円を借りたとして、今すぐ処分して8000万円にしかならなかったら、2000万円が実際のリスクになるわけです。

実物資産の裏付けがどのくらいか、つまり「不動産を今すぐ叩き売ったらいくらで売れるのか?」を計算して把握できていれば、リスクはコントロールできます。借金は必ずしも悪ではないのです。ただし、この場合も不動産の換金の容易さが前提になるのですが。

どのような不動産を購入すべきか

それでは、どのような条件の収益物件を買えばよいのか具体的に見ていきましょう。

・立地

立地は「東京23区」が原則です。理由はシンプルで「需要」があるからです。

今後の人口減少社会のなかで、少なくとも20年間は不動産賃貸業を成り立たせなければなりません。そう考えるのであれば、必然的に賃貸需要のある23区が選択肢になります。

もちろん、賃貸需要のあるエリアは、地方の中核都市にも当てはまるところがあるでしょう。

しかし、あなたが東大卒であれば、少なくとも東京に数年間は住んでいたわけですし、そもそも東京出身が多いはずです。すると土地勘もあり、馴染みのあるエリアでもありますから、そこに必然的に23区を選ぶ理由もあります。

とはいえ、23区でそれなりの利回りがある物件などごくわずかです。そこはある程度の時間を使って情報を調べなければいけません。これは受験勉強と同じで、何もせずに結果が出るわけではありません。

ただし、そのようなことは勉強が得意な東大卒にとっては難しくないはずです。そもそも高齢の地主なども多数交じっており母集団の偏差値が低いので、そこから勝ち抜くのは案外容易だと思います。

もっとも自分の頭で考えることが大前提で、収支計算も自ら試算できるようにしましょう。23区の優位性については別項でさらに掘り下げて解説します。

・利回り

「利回り至上主義」という言葉もありますが、やはり収益は事業である以上、最重要ファクターです。私は、グロスの利回り8～10％を目安にしています。このような物件はそんなにはないのですが、誰でも買える物件を買ってはダメなのです。

利回りが10％以上あれば発生するコストは、それが想定外でもほぼ飲み込めてしまうものです。

私が先日購入した江東区南砂の物件は約2億４５００万円でしたが、購入後すぐに雨漏りしたため大規模修繕が必要になり、約２０００万円がかかりました。

しかし、利回り10％で運営できていれば、２０００万円の追加の融資を15年程度で引いても年間１４０万円ほど。利回りが０・６％ほど下がるだけなので致命的なダメージではありません。これが5～6％の物件ですと大打撃になっていたと思いますが、８～10％程度で買っていれば、それなりに吸収できます。なお、この件については売主が宅建業者であるため現在係争中です。

つまり、購入金額に対して利回りが10％以上あればよいのですが、次善の策としてある程度の自己資金を入れ、融資金額に対して10％を確保する選択肢も視野に入れます。

いずれにせよ私の経験則でいうと、この考え方でいけば何が起こってもキャッシュアウトすることはないでしょう。

・価格帯

買う価格帯は「5000万～1億円程度」がいいのではないでしょうか。これが2000～3000万円だと、経費比率が高くなってしまい手残りが少ないからです。

私の感覚では5000万円を下回ると、部屋が極端に狭くなったり、ボロボロのアパートが何部屋かであったりするケースが多く、しかも1室の家賃が低くなります。そうなると、どうしても運営コストの割合が高くなってしまいます。

建てるとき利回りを上げるためには部屋を細かく割るのですが、細かく割り過ぎてしまうと1部屋の単価が落ちてしまいます。

どれだけ小さな部屋でもお風呂・トイレ・エアコンなどの設備が必要で、そのどれもが経年劣化していく設備です。そうなると、原状回復費がかかってくるわけです。

したがって、ある程度の規模で、かつ1室の家賃を首都圏なら5万円を下回らない物件を選ぶことがポイントになります。

私は今家賃が5万円台の小さなワンルーム主体の木造アパートを2カ所(世田谷区若林、世田谷区北烏山)所有していますが、4万円台の家賃になると原状回復費の回収がやはり頭をよぎってしまいます。

このような原状回復割れをしてしまうと、何かお金を使ったときに、その解消に何カ月かかかります。さらに、東京だったら広告費をそんなに使わなくてもいいかもしれませんが、地方は使う必要があるでしょう。

しかし、我々は「20年は運営する！」という視点で投資をすべきなので、そうなると23区で、それなりの収入規模の物件を狙わなくてはなりません。そうなると、必然的に5000万~1億円程度になるのです。

・間取り

23区の物件で利回りを重視すると必然的に1部屋あたりの面積は小さくなります。20年は運営するので、長期間にわたる賃貸経営を考えたときには、1室の家賃が5万円を下回らない間取り、面積が原則となります。23区のワンルームでいえば、「面積は最低でも15㎡」は必要です。

その程度の部屋であれば、建物をきれいにメンテナンスして、原状回復を工夫しながらしっかりやっていれば、23区なら1室の家賃が5万円を大きく下回らないと思います。

今流行りの極狭の高利回り物件は避けるべきでしょう。いくら家賃が安くても、狭小の物件は長く住んでもらえる可能性が低いです。新築の時はよくても、古くなってしまうと競争力がないので客付けが難しくなる可能性が高いと思います。

・構造

融資が付くのであれば、入門編としては「木造がおすすめ」です。木造のいいところは維持費が安いことです。

例えば、私が1棟目に買った若林の物件の場合、大規模修繕で壁を塗るときも100～200万円でできてしまいます。

また、木造の耐用年数は22年ですが、建物自体はその倍程度は保ちます。

他にも、木造だと水漏れしたとしても、壁を開ければ簡単に原因がわかります。これがRC造だと水漏れ工事ですぐ100万円、ユニットバスの交換でもすぐ100万円くらいかかってしまいます。しかし木造なら、値段の割には維持費がかかりません。ですから、中古物件を狙うなら、構造はRCより木造のほうがいいと思います。

・融資

木造物件をお勧めしましたが、木造では融資がネックとなります。

日本の融資は法定耐用年数を基準にしているので、RCなら中古でも20年ローンを組みやすいですが、木造だとなかなか組めません。やはり融資さえうまく引けるのであれば、1～3億円の規模で運用するなら木造がいいと思います。

ＲＣは規模が大きい分と構造上、修繕などのコストが木造よりも高くなります。

例えばＲＣで外壁から水漏れした場合、全て修理するのにすぐ１０００万円はかかります。私が向原や深川で経験した例でも、簡単に１０００万円超かかりました。

確かに1棟の規模が２～３億円ともなれば、ほとんど木造の物件はないわけですし、ＲＣは融資を引きやすいメリットもあります。

また、巨額の融資を受けていくには積算の要素も重要になってくるので、それを考えるとどうしても法定耐用年数が長いＲＣは戦略上、ある程度の経営規模になると必要不可欠です。

しかし、１～３億円の資産規模で投資をしていくのなら、運営におけるコストは木造のほうがかなり低いので、私の経験からすれば、木造の方がパフォーマンスは優っていると思います。

唯一のネックといえば繰り返しになりますが、「融資」です。木造は建物の積算も出ませんし、ましてや法定耐用年数を超えていると、そもそも融資を受けられないケースが大半です。

ローンを組む際に意識していたこと

私が、サラリーマンとの兼業を前提として不動産投資を行っていた時代で、ローンを組み立てるときに意識していたのは次のようなことです。

・会社に勤めているので、物件からの収入はあてにしない。
・とはいえ、給料からの持ち出しはしない。つまり、完全に給料会計と不動産会計は分ける。
・もし物件から収入があれば、それは不動産へ再投資する。
・融資の借入れ期間は20年以内にする。

多くの人が35年ローンを平然と組んでいます。私は最低20年は運営するつもりで購入するものの、さすがに35年先までは予測できません。そのため融資期間は20年以内、かつサラリーマンが投資をするなら、家計に影響を与えない範囲で組み立てるべきです。

そこから逆算して考えると、必然的に「利回りが高い物件を選ぶ」もしくは「自己資金を多く投入する」という選択肢しかありません。

地主と違ってサラリーマン兼業の場合は、不動産投資で食べていく必要はないので、20年ローンを組んで15年程度で出口を取る可能性もあります。

また、その間に得た不動産投資のキャッシュは他の物件に回せばいいわけです。そう考えれば、地主よりもサラリーマンのほうが有利だといえます。

ローンの金利については、サラリーマンが兼業でやっている間は、金利高騰リスクを考えて、できるだけ固定期間を長くするのがいいと思います。そこまで高くない金利で10年は固定したいものです。

このような原則を自身の中で掲げていたため、区分所有のワンルームマンションの投資でのキャッシュアウトや、節税の名目で赤字を出すことはあり得ない選択でした。

当時は自己資金があったので、1棟目の物件では約2000万円を投入しています。逆に、それぐらい自己資金を入れないと、利回り8%程度の物件では前記のような条件を満たすことができなかったのです。

自ら賃貸相場を調べる

５０００万円から1億円の不動産を購入するのは、それなりの投資をするのですから、賃貸相場は自分で調べましょう。レントロールは自分で裏を取るべきです。今では、スーモなどのポータルサイトで、新築相場や家賃相場がすぐに検索できます。

もしくは、対象物件の最寄り駅前の不動産屋さんに聞いて「この値段で貸せますか？」と聞いて回ってもいいでしょう。

話は逸れますが、２０１８年に問題となった「かぼちゃの馬車」の物件も、インターネット検索すれば全空であることはすぐにわかったはずです。それなのに「自分だけは騙されるわけがない」と安直に考えて、自分で裏をとっていなかったからこそ、年収８００万円以上の人々が相次いで損を被ったのです。

こうした人々は、業者にとっても美味しいカモです。普通に考えれば、向こうから来た儲け話を信じ切っていいはずがないのですが、それなりに毛並みが良い人たちなので、騙されてしまうのです。

自宅を買う前の1棟目の不動産ならではの選択肢

このように、グロスの利回り8～10％の物件で、ローンを20年で組めば、給料からの持ち出しはしない、つまり完全に給料会計と不動産会計は分離することが可能となります。つまり給料による生活に影響を与えないような不動産投資の仕組みができるのです。

それに加えて、1棟目の23区の事業用不動産であれば、将来、自宅用の土地として使用する選択肢もあります。

例えば1億円を20年間のローンを組めば、金利にもよりますが15年程度返済が進むと残債が3000万円程度になります。23区の物件であればその値段で土地を買ったと考えれば、自宅用の土地として使うことも選択肢になります。

実際に私も、1棟目の世田谷区若林の物件は、東急世田谷線若林駅から徒歩1分、三軒茶屋駅からは徒歩13分であり、かつ南面が道路に面していたので、その可能性も想定していました。土地が115㎡あり道路幅の制約による容積率制限が160%であったとしても、4人家族用の自宅が十分建つと考えたのです。

何とかプラスマイナスゼロで15年間運用できれば、15年後、すなわち私の場合は48歳で115㎡の土地を約3000万円で取得できることになります。家族4人に十分すぎる広さの約180㎡の家を、土地代約3000万円 ＋ 180㎡の家の建物コスト＝約8000万円で、世田谷区若林に取得できるのです。これは同程度の広さのマンションに比べると、はるかに安価です。

このような説明は、不動産投資に反対する配偶者がいた場合には、非常に有効だと思います。

【事例】1棟目世田谷区アパートの25年の実績

ここで実例として、私が1棟目に買った、私の今の基準では収益性がかなり悪い、世田谷区若林のアパートがどのような実績になるかを見てみましょう。

世田谷区若林の木造2階建アパートは、25年前に9800万円で利回り8%、自己資金2000万円で購入しました。私が過去に買った物件の中では区分所有のワンルームマンションに次いで悪い条件の物件です。このくらいの条件なら、誰でも比較的簡単に買えるのではないでしょうか。2棟目以降は、利回り等の条件はずっと良くなっています。

現状でこの物件を持ち続けるとなれば、家賃は月にして約60万円の収入があります。2018年11月から翌2019年の10月の家賃収入の実績が7269 82円なので稼動率は100%を超えていることになります。

これに加えてコインランドリー等の収入があるため、実質の年間収入は約740万円です。減価償却は終わり、ローンは返し終わっているので、運営費を15%とし、税率を50%とすると、税引き後の収入は以下の通りとなります。

税引き前のキャッシュ：740－740×0・15＝629万円
税引き後のキャッシュ：629×0・5＝314・5万円

すなわち、持ち続けていると安定的に年間約310万円の収入があるわけです。外壁の修繕工事も2年前に実施したので、売却するインセンティブは全くないのですが、もし仮に今、売り出すとなれば9500万円程度の査定です。

具体的に、売却した場合の損益も含めた、25年間の収支を試算してみましょう。

購入時：9800万円＋手数料等700万円＝1億500万円。建物4400万円、土地6100万円でした。売却時の簿価は6100万円です。自己資金2000万円、借入れ金8500万円でした。

25年間の収入：長期的な家賃低落や、稼働率を考慮し、最終的な年間家賃740万円で稼働率100％と仮定しました。これだと購入価格に対する平均利回りは、年7・55％です。したがって、740万円 × 25年＝1億8500万円

25年間の支出：合計1億4088・5万円

借入れ金利3％で20年ローンとすると、総返済額8500万円 × 1・331＝1億1313・5万円

運営費15％として、1億8500万円 × 0・15 ＝ 2775万円

25年の経費：合計9988・5万円

利息総返済額8500万円×0・331＝2813・5万円

運営費15％として、1億8500万円×0・15＝2775万円

減価償却費4400万円

25年間の税金：税率を平均40％として、（1億8500万－9988・5万）×0・4＝3404万円

売却時：9500万円、手数料は315万円、消費税は売却時の建物割合を20％とすると、9500×0・2×0・1／1・1＝173万円。そうすると売却時の長期譲渡所得税は、購入時簿価1億500万－売却時簿価6100万－売却時手数料315万）×0・2＝817万円

生涯収支：

収入1億8500万－支出1億4089万－25年間の税金3404万＋売却価格9500万－手数料315万－売却時の消費税173万－譲渡税817万＝

９２０２万円

自己資金２０００万円が25年で９２０２万円、すると７２０２万円の増加です。

これは、私の現状までの全ての物件を総合したパフォーマンスと比較すると、そこまで優れたパフォーマンスではありませんが、最悪でもこのレベルだと解釈すべきでしょう。

つまり、キャピタルゲインはあてにせず、物件からのフロー（家賃収入）のみで15〜20年でローンを完済し、手元にある程度のキャッシュが残る仕組みを作れば、1億円くらいまでの23区の物件なら、ほとんどリスクはないと私は考えます。

このような物件が1棟あれば、十分教育費を稼いでくれるわけです。

ワンルームマンションへの投資では、とうてい教育費の足しになりませんが、私の物件の中で、ほぼ一番悪い物件でこうなので、東京23区の一棟アパートは、規模と利回りで差が出ますが、20〜25年で７０００〜８０００万円の利益が出ることでしょう。

つまり、最低でも1億円程度の東京23区の物件を所有していれば２〜３人の子どもの学費くらいは何とでもなる計算が立ちます。

私の考えでは親が子にできる一番の投資は教育です。リターンは子どもの収入です。

そして、第1章で解説した通り、医師や弁護士にはしっかりと収入があります。単純にお金だけで考えた場合、早稲田の理工学部への投資効率と比べて、私立医大への方が効率も良いのです。

この教育のリターンは、「収入」という考え方には異論のある方もいるかもしれません。私の妻も「お金だけが全てではない」とよく言っています。しかし、最近の厳しい格差社会を見ると、そのくらいドライに考えるのも必要なのではないでしょうか。もちろん、医師になるにしても何になるにしても、本人の意思がもっとも大事ではありますが。

それでも、もしも子どもから「医者になりたい」「留学したい」と望まれたときに、躊躇なく学費を出してあげられる親でありたいものです。そのような余裕があるためにはサラリーマンの収入だけではほぼ不十分です。少なくとも一馬力だけでは明らかに難しいでしょう。奥さんもフルタイムで働いて、子ども1人がやっと可能です。

買ってはいけない物件①区分所有マンション

買ってはいけない物件といえば、まず「区分所有マンション」が挙げられます。

私が提唱している「20年で返済して、家計に影響を与えない」という条件をクリアするためには、インカムゲインをしっかり得られる物件を選ばなければなりません。ところが、23区の区分所有マンションでは、利回りが低すぎ、融資の期間を30年とか35年にしてもキャッシュアウトしないギリギリの場合がほとんどです。

キャピタルゲインについては、そもそも「結果的に得られたらいい」程度に考えましょう。

これはどの投資も同じで、例えば区分所有マンションでもアットホームなどを見ていれば安い物件が見つかるかもしれない一方、業者から勧められた物件はやはり割高になってしまいます。要するに、業者が「買ってください！」とセールスしてくる物件は、その分の利益が乗っているので買得ではありません。

典型的なのが新築ワンルームマンションで、建てられた時点で業者の利益、営業費などから逆算して価格が決められています。

最近ではオリックス銀行が50年の融資もしてくれますが、それくらいの長期で組んだ条件のもと、さらに初期に管理費、修繕費を低く設定することで見かけ上の表面利回りを高く見せるのです。

そうすることで、銀行の融資基準をクリアする物件に仕上げるわけです。しかし現実には、何年か後に急に管理費、修繕費を上げて、収支が悪化するケースが大半です。

こうした区分所有の売り方は、25年前から存在します。私も実際、25年前に港区の中古のワンルームを1戸購入したことがあります。

そして、その当時から「区分マンションは買わないほうがいい」と言われ続けているのに、現在でも購入者は後を絶ちません。しかも購入している人は1戸だけでなく、3戸、5戸、10戸と複数所有していることが多いのです。

往々にして、そうした人たちの多くは属性が良いのですが、不勉強なのか、疑うことを知らないのか、サラリーマンとしての属性に基づく与信限度まで借り切ってしまう人も少なくありません。

他にも、パッケージ化されていて簡単に買える新築の一棟アパートのような物件は、その分業者の利益が乗せられているので、おすすめできません。
しかし、そうした投資が間違っていることは、少し計算すれば誰でもわかるはずです。

【事例】港区ワンルームマンションの25年の実績

区分所有マンションであっても、定期預金や国債よりは儲かるかもしれません。
私が25年前に1680万円で購入した港区の中古ワンルームマンションを、最近1500万円で売却しました。実例として、売却時の損益も含めた25年間の収支を以下に示します。

1994年に港区の区分ワンルームマンションを、当時1680万円で購入しました。
購入時：1680万円＋手数料等60万円＝1740万円。建物870万円、土地870万円でした。売却時の建物簿価は310万円。したがって、売却時の簿価は

1180万円です。借入れ金1240万円、自己資金500万円でした。ちょうど25年間所有して、1500万円（消費税22万円）で売却しました。このケースの生涯収支を計算してみます。

25年間の収入：長期的な家賃低落や、稼働率を考慮し、最終的な家賃7・9万円で稼働率100％と仮定しました。したがって、7・9万円×12カ月×25年＝2370万円

25年間の支出：合計2180万円
借入れ金利3％で20年ローンでした。総返済額1・331×1240＝1650万円
管理費1・1万円×12カ月×25年＝330万円
固定資産税4・0万円×25年＝100万円
修繕費25年で約100万円

25年の経費：合計1500万円
利息総返済額0・331×1240＝410万円
管理費1・1万円×12カ月×25年＝330万円
固定資産税4・0万円×25年＝100万円

修繕費25年で約100万円
減価償却費870万－310万＝560万円
25年間の税金：税率を平均40％として、（2370万－1500万）×0・4＝348万円

売却時：1500万円、手数料は50万円、消費税は22万円でした。そうすると売却時の長期譲渡所得税は、（購入時簿価1740万－売却時簿価1180万－売却時手数料50万）×0・2＝102万円

生涯収支：
1500万－手数料50万＋収入2370万－支出2180万－25年間の税金348万－売却時の譲渡税102万－消費税22万＝1168万円
自己資金500万円が25年で1168万円、668万円の増加で2・336倍になった計算です。これは単利で年5・3％、複利だと年1・16％の計算になります。

最近の預金金利と比較すると十分高いですが、これではさすがに資産は増えません。原因は、そもそも利回りが低い（購入価格ベースで5・4％）上に、運営費の割合が高い（収入金額に対して530／2370＝22・3％）ことです。

買ってはいけない物件②
キャピタルゲイン狙いの海外不動産

最近では、さすがに区分所有マンションは儲からない仕組みが一般的になっていますが、代わりに海外投資で騙される人が増えています。現地の土地勘がないのは大変リスクが高いのです。

キャピタルゲイン狙いの海外不動産投資も、一度でも営業マンや不動産会社を信用すると、悪い情報は自らシャットアウトしてしまうものです。

海外不動産投資で「節税」をメインに考えている人であれば、しっかりと計算しているから大きな失敗はないでしょう。私も政策金融公庫等を使ってフルローンが出るのなら、節税効果だけで十分ペイできるので買ってもいいと思っています。

築22年超の木造アパートに投資した場合は、日本の税制では建物が４年で償却できます。これを６年間保有した後に、購入価格と同一の価格で売れば、建物の割合が８割の物件では、長期譲渡税の税率20％と、私の住民税・所得税の最高税率50％の差額30％×建物割合80％＝24％となり、すなわちフルローンだと、自己資金がゼロで物件価格の24％分の節税効果を６年でとれるわけです。

覚えておきたい収支計算

不動産投資の収支計算は、何も難しくありません。

毎日ジョギングをするときに、「この物件はどのような収支になるかな？」「例えばこの２億円の物件を買ったら、収入がいくらで支出はこれだけ。表面上の手残りはこのくらいだろう。一方で経費はこのくらいだから、課税所得はこのくらいになる。税率が50％だから、例えば手元に１００万円から２００万円残る。これで自己資金を１０００万円入れたとしても、20年ローンだと元金が最初の方は、年間４％くらい減るから、自己資金は２年

2年で回収できる計算になるな」などと考えています。

私はそろばんが2段で暗算が得意なので、それくらいの収支計算はジョギング中の45分で終わります。東大卒ならできるはずです。


このような計算はシンプルであり、収入は家賃収入で、支出は返済額、修繕・固定資産税などを含めた運営費の2項目です。

経費では返済額のうち利息・運営費・減価償却の3項目しかありません。収入から経費を引いたものが課税所得で、収入から支出を引き、さらに私の場合は課税所得の50％の住民税・所得税を引けば、課税後のキャッシュが出ます。


ここでケーススタディをしてみましょう。

単純化のため、物件の利回りを10％とします。23区の物件では、私の過去の経験上、運営費は収入の約15％です。

仮に20年、金利2・5％でフルローンとすると、年間の返済割合が約63％となります。

さすがにこの計算は暗算ではできなくて、大学時代に買ったＣＡＳＩＯの関数電卓を使います。

その場合の利息が、当初はローン総額に対して2・5％なので、フルローンと仮定すると収入の25％です。建物の残存耐用期間を20年とし、建物割合を購入金額の55％と仮定すると、一年あたりの減価償却費は、0・55／20＝0・0275です。利回りが10％なので収入に対しては、27・5％となります。

すると経費は、収入に対して利息の25％＋運営費の15％＋減価償却費の27・5％＝67・5％になります。したがって課税所得は収入の32・5％なので住民税・所得税等の税金は約16％です。

税引き後のキャッシュは、収入－返済額63％－運営費の15％－税金約16％＝6％。

したがって1億円の10％の物件をフルローンで買うと、年間収入1000万円の6％である60万円が税引き後のキャッシュになります。

これを多いか少ないかは考え方によりますが、同時に元金が毎年約4％減るので、資産増加は約460万円になります。

20年間の予測は難しいですが、20年総計（平均）で導き出していれば問題ありません。

例えば右記の場合は、仮に20年、金利2・5％だと総返済額は、0・063×20年＝1・26なので、平均の利息は、0・26／20＝0・013なので、収入に対して13％です。

20年間の合計ですと、経費は収入に対して利息の13％＋運営費の15％＋減価償却費の27・5％＝55・5％になります。したがって課税所得は収入の44・5％なので、住民税・所得税等の税金は、税率を50％と仮定すれば約22％になります。

税引き後のキャッシュは、収入－返済額63％－運営費の15％－税金約22％＝0％。

つまり、1億円の10％の物件をフルローンで買うと、20年後には手出し無しで自分のものになる計算です。

このケースを「すごい！」と思うのか、あるいは「なんだ。たったそんなもんか……」と見るかはあなたの考え方にもよりますが、少なくとも私は、税率が50％と高い場合の不動産投資はこんなものだと思ってやっています。そのような理由から、最近は所有を法人にしています。また東京23区の物件であれば、その次の20年、30年があります。

この前提であれば税率を50％と仮定すると、例えば工夫して、途中で借換えて金利を下げて利息を減らしたり運営費を合理化して支出を減らせば、その半額がキャッシュとして手元に残ります。一方、空室分の半額が損失となります。これは私が第1期に取得した物件の20年の実績とほぼ整合しています。

税率50％は、ほぼワーストケースで、個人所得が低く税率が50％より低い場合や、最高でも税率35％程度の法人所有とした場合は、もっと手残りが増えることになります。

このように計算はあっという間にできますし、大きく外れることはありません。その簡易計算を行ったうえでキャッシュフローが出る投資であれば、さらにリサーチをします。

コラム

キャピタルゲインがとれる不動産投資

私の不動産投資の手法は、原則的にフロー（家賃収入）のみで、15～20年でローンを完済し、手元にある程度のキャッシュを残す仕組みですが、これまでの経験で、比較的高い確率でキャピタルゲインをとれるケースがいくつかありました。

① 23区でお得な「畦畔《けいはん》」物件

その1：再建築不可の土地を再建築可に変身させる

2007年に購入した八幡山のアパート2棟は、土地面積約100坪で旗竿地にたっていました。旗の旗竿部分の長さが20メートル以上あります。この場合は旗竿部分の幅が3メートルないと再建築不可になります。

通常、旗竿地で住宅を建てるために必要な旗竿部分の幅は2メートルなのですが、旗竿の長さが20メートルを超えると、東京都の安全条例で幅が3メートル以上が必要になるのです。

購入時は旗竿部分の幅は2・8メートルしかありませんでした。つまり再建築不可だったわけですが、私は三井住友トラスト・ローン&ファイナンスで購入しました。

なぜ再建築不可なのに購入したのかといえば、旗竿部分の土地と隣の敷地との間に90センチの畦畔《けいはん》、つまり無番地があったのです。

そして、畦畔というのは払い下げができます。公図上では3尺、約90センチになっているのですが、払い下げてもらえれば隣地の地主と折半ができるのです。

そもそもの話をすると、その物件は、再建築不可なので100坪の土地が付いて利回り11%程度でした。地主が世田谷区に確認してみたところ、やはり「ここは再建築不可です」と言われたので、その値段で仕方なく売ったようでした。

旗竿地なので共同住宅は建てられず、再建築不可でなくても基本的には一般的な住宅か長屋しか建てられません。それにも関わらず、共同住宅が2棟建っている状況でした。

そうした不動産に融資をする金融機関は、当時ではノンバンク系の金融機関しかないのでライフ住宅ローン（現在の三井住友トラスト・ローン&ファイナンス）から融資を受け購入したわけですが、その2年後に隣接のアパートが取り壊され、いつの間にか宅地造成が始まりました。

調べてみると幸運なことに、隣の地主が土地を宅地開発業者へ全て売っていることがわかりました。

そこで私は三鷹にあった宅地開発業者を訪ねて、「真ん中の畦畔を譲っていただけませんか？」とお願いしました。そして100万円を払い、承諾のハンコを押してもらいました。

もともとの畦畔の半分の幅の45センチ分は私に権利がありますが、反対側の45センチは向こうの宅地開発業者に権利があります。

ただ、宅地開発業者はすでにこの45センチ幅の土地なしで宅地開発の申請を世田谷区に出して許可を得ているので、今更その半分の幅の45センチ分を手に入れても何の使い道もありません。

結局100万円の承諾料をこの宅地開発業者に払って、45センチ×30数メートルの土地を余計にもらったわけです。その畦畔は全体で31・17㎡を370万円で区から払い下げてもらい、今は旗竿地でも一般的な住宅や長屋は建てられる土地になりました。

トータルで世田谷の約9・5坪の土地を470万円のコストで取得できた上に、約100坪の旗竿地が再建築可能な土地になったわけです。

再建築不可から再建築可になったことで、土地の価値は近隣と同様の坪150万円程度、トータルで1・5億円ほどになりました。再建築不可のときは、建物込みで7650万円でしたので、土地の価値だけを考えても、約2倍になったわけです。

世田谷はもともと田畑が多くあった土地なので、畦道や畦畔があちこちに残っています。昔は畦道だったところが今では無番地で、誰が所有しているのか明確でない土地になっています。

その畦道も、かつては国が所有していました。しかし、10年程前にすべて地方自治体（今回の場合は世田谷区）に移管になっているのです。国のときは簡単に払い下げてもらえたようですが、区の所有だと他の住民から苦情が出ることを恐れて、それなりの値段でなければ払い下げをしてくれません。

世田谷区の担当者からは、その金額は建前上、概ね路線価の半分～3分の2程度と言われました。今回の畦畔の場合、当時の路線価は30万円／㎡程度だったので、31・17㎡×30万円／㎡＝935・1万円で、かなり細長い土地で狭い間口で道路に接しているので、減価を考慮すれば、その程度になる感じです。

その2：畦畔を無償譲渡してもらう

似たような畦畔の話は、私が3棟目に購入した北烏山の物件でも起こりました。私が購入したときは知らなかったのですが、公図上の土地の形が実際の土地の形状と違っていました。そこで公図をよく見ると、自分の土地の裏手に畦畔があったのです。

そのときに調べて知ったのですが、畦畔は「払い下げ」という取得方法の他にも、20年経つと無償で取得できるのです。それを知って、1997年に購入してから20年後の2017年に、区に無償譲渡の申請をして無償譲渡してもらいました。

ここは60センチ×約20mで11・68㎡ほどあったので、約3・5坪になります。通常に購入したら500万円くらいにはなるでしょう。

ただし、無償譲渡してもらうためには、期間以外にも条件が必要です。これは私が区役所に行くと丁寧に教えてもらえました。そのときのポイントは「自分は取得時に畦畔があることは知りませんでした」と説明することです。

今回の場合ですと、「私は任意売却で買っているから通常の売買とは異なり、畦畔があるなんて説明を受けませんでした」と、さらに付け加えました。

また、「買ったときからその畦畔上に建物が建っていました」などの事情を無償譲渡の申請書に書くと、区の会議で確認した後、「無償譲渡します」との通知が届きました。どういうことを無償譲渡の申請書に書けばいいのか直接は言われませんが、「こういうときの、ああいう条件だと無償譲渡になります」ということを、住民に対しては、区の担当者は親切に教えてくれます。それを基にして無償譲渡の申請書を書けばいいわけです。

さらに、今回の場合は、固定資産税も畦畔の分も含めた広さに対しても20年間払っている計算になったので、区としては文句を言えないわけです。

こうした畦畔は、公図をチェックすれば見つけることができます。公図を見たとき、細長くて番地がふってないところがあったら、それはすべて畦畔です。さすがに千代田区や港区にはないと思いますが、まだまだ世田谷区にはたくさんありますし、おそらく練馬区にもあるでしょう。

北烏山の物件は、昭和62年に建てられています。建築確認申請書の図面を見ると、畦畔も含んで勝手にその面積で建築確認申請を出していることがわかります。現在であれば実測図に近い形のものを出しますが、おそらく当時はそこが緩かったのでしょう。

ちなみに私の北烏山の物件の、向かって左側の家が100㎡程度の土地を売ったとき、畦畔を世田谷から有償で払い下げてもらった上で建売業者に売却し、2宅地にわけて業者が建売住宅を建てました。

注意しなければいけないのは、無償譲渡を受けた土地については、その土地の代金相当の金額を一時所得として、確定申告の際に申告しなければいけません。一時所得は、50万円の控除後に、半額にして他の所得と合算します。

払い下げの場合は市価より安いのですが、払い下げ価格で土地を区から購入した形になります。

払い下げの場合：隣接畦畔の実績が7万円／㎡だったので、取得時のコストは7×11・68㎡＝67万円。

無償譲渡の場合：隣接畦畔の実績が7万円／㎡だったので、一時所得税は（67－50）×0・5×私の税率50％＝取得時のコストは6万円
払い下げ価格、67万円相当の土地を無料で手に入れたので、その得した分については一時所得として税金を払うことになるだけなので、あるべき値段（払下げ価格）の67万円に対する6万円の税金で、67万円分（時価は500万円）の土地が手に入った形になります。

②築古マンションの建替えでキャピタルゲインを得る

畦畔を払い下げてもらい、資産価値の上がる物件に当たる確率は低くて、いわばかなり幸運な状況であり、自分で選べるものではありません。築古のマンションを安く手に入れ、建替えられて価値を上げる方法ですが、建替えの差し迫った築古マンションであれば、自ら選んで購入することができます。

ただし、まずは建て替わると価値が上がる物件自体を見極める目が必要になります。そのうえ、建替え自体が実現するとは限りません。さらに、建替えのタイミングがいつなのかすらわかりません。そのことを以下に見てみましょう。

まず、建替えて価値が上がるマンションは、「都心立地」に限られます。さらに多くは再開発が行われる地域にあり、多くの場合、再開発では、マンションが建て替わると100%以上の還元になります。ここで、マンションの建替えで100%還元とは、無料で同じ広さの新品の部屋が手に入るということです。これまで国内で建て替わっている築古のマンションはほとんどこのパターンです。

再開発予定地にあるマンションは、これらの建替えによる価値上昇を織り込んだ値段になっている場合が多いので、キャピタルゲインを狙うなら安い頃に購入しなければなりません。

一方、安い頃でも都心の区分所有マンションであることには変わりがないので、そんなに高い利回りは期待できません。ということは、キャピタルゲインのために効率が悪く、私が買ってはいけない物件とした、区分所有マンションへの投資をすることになるのです。

したがって、得られるキャピタルゲインが大きく、キャピタルゲインを得られるまでの期間が短くなければ、効率が悪い区分所有マンションへ長い間資金を固定してしまうことになるのです。

実際、渋谷の駅前などで建て替わりそうなマンションは、もともと容積率300％程度であり、今後一帯全体を再開発して容積率を700～800％にしようとしている再開発予定地域に立地しています。

そうなると、増えた余剰の容積率を使って建てた建物分を外部に販売することにより、自分の建替えの建物代が出ることになり、還元率100％であれば新しいマンションと同じ広さの部屋が無料で手に入ることになります。

このような場合は、通常なら多くの人が建替えに賛成することになります。

このように還元率100％になると、ほぼ建替えに必要な4／5以上の住民は賛成になります。ところが都心立地でも単独建替えだったりすると、還元率が75％くらいだと反対の住民が多くなり、建替えの合意形成がとたんに難しくなってくるわけです。しかし、よく考えてください。50年も使ったわけですから、「無料で新品が手に入る世の中ではありませんよ」と私は思うわけです。なぜなら、一戸建ての自宅で考えると無料で建替えられる自宅などあるわけがないからです。自宅に50年も住んで、その価値が土地代だけになるのは当たり前だと思います。

しかし、ここで注意しなければいけないのは、たとえ還元率100％で建て替わったとしても、それは建築時に隠されていた過去のボーナスを、今回の建替え時に使い切ってしまったということです。次の50年後の建替え時には再々開発でもない限り、そのようなボーナスはないでしょう。

次に、建替え自体が実現するとは限りません。区分所有マンションなので所有者の4／5以上の賛成を必ず得られる保証はありません。この4／5の合意形成に時間がかかる場合も多く見られ、10年単位という例もあります。さらに、4／5の賛成が得られても、建替えのスケジュールは自分の都合では決められません。

このようなリスクのある投資ですが、余裕資金があったり、自由な時間やそれなりの能力や経験があって、自ら理事会に入り込む等して、速やかな建替えの実現を自分で加速できるなら面白い投資手法だと思います。

ただし、私の価値観から言えば主流の不動産投資手法ではなく、「幸運にもうまくいったら大きく儲かる」という位置づけで、オマケ的な不動産投資の手法でしょう。

5

第5章

3億円の投資が未来の選択肢をつくる

50代で「人生の選択肢」を得る

私のやり方で、まず目指すところは、サラリーマンとして選択肢を得ることです。

例えば、1億円の物件を買って800万円の家賃収入を得たとしても、税引き後はそれ以下になるので、選択肢がそれほど広がるわけではありません。

会社を辞めて子どもを東大に行かせるくらいの選択肢が欲しいなら、やはり最低でも3億円くらいは投資して、借金を返済して、家賃収入3000万円、税引き後の手取り1000万円超くらいになって初めて十分といえます。

そして不動産投資の場合、規模のメリットが働きます。100室中1割の空室と、10室中1割の空室では意味が異なるのです。3億円の投資をすれば、最低でも30室近く所有することになります。そうすると、ある物件で修繕費がかかったとしても、他の物件で埋め合わせができます。

私の場合、不動産投資を始めて3年程度で、港区の区分マンション、若林が10室、江戸川が8室、千歳烏山が14室なので、合計33室でした。

ちなみに、国税庁が決めた事業規模である「5棟10室」は、事業規模と位置づけるには小さ過ぎます。やはり私は、「投資額3億円、または30室、もしくは家賃年収3000万円程度」が事業規模だと考えています。

一旦仕組みができてしまえば、あとは自分で決めた基準に合うものを買増していけば、たとえ空室や出費が出ても大きなダメージにはなりません。

現在の私くらいの家賃収入が年間2億円超の規模になると、例えば一棟ビルを貸しているテナントさんが倒産して150万円の家賃が0になっても、税引き後の年間のキャッシュフローで考えると、3000万円が2000万円になるくらいで致命的なダメージではありません。

ですから、なるべく早めに規模を拡大することをおすすめします。

初心者向けのセミナーだと、判で押したように「月100万円のキャッシュフロー」をゴールにしています。確かにサラリーマン基準だと、年収1000万円程度を目指し、月100万円を目標にしたがる気持ちもわかるのですが、事業としては不十分な規模です。

私の場合も会社が退職になり、次の職場から就職を断られたとき、税引き後のキャッシュフローが2000万円ありましたし、子どもの大学の学費の目処もほぼ立っていたので、不動産専業でやっていく決断ができましたが、これが1000万円だったら難しかったかもしれません。

同じ年収1000万円でも、サラリーマンだとかなりの確実性がありますが、自営業主では保証がないので、できれば税引き後2000〜3000万円は欲しいところです。そうでないと、事業が下振りしたときに1000万円を割ってしまいます。

2000万円、3000万円と聞くと巨額に感じるかもしれませんが、小規模な事業者のレベルであり、1家族が養えるくらいです。サラリーマンで稼ぐお金と事業として考える場合だと、必要な値が変わってくるのです。

目標は「資産3億円もしくは家賃3000万円」

以上のことから、サラリーマンの兼業としては、一つの目標として「資産3億円、もしくは家賃年収3000万円程度」を掲げるのがいいでしょう。そのくらいの規模になれば、空室リスク等の経営的なリスクをコントロールできます。

さらにその先に進みたい人、運が良い場合や、自分が不動産事業に向いていると判断した場合、私のように、それより高額な資産・収入を目指してもいいと思います。

たとえ運が悪く、自分が不動産事業に向いていないと判断した場合でも、借入れ金返済終了に売却して現金化する道もあります。

これも23区内なら20年後も問題ないはずです。あくまで3億円は経過目標で、そこから先の目標はそれを達成した時点で考えればいいと思います。

もし3億円の規模で不動産事業を継続したいと思う場合は、20年後に新しい建物に建替えるのもいいでしょう。

23区であれば需要は継続的にあるはずなので、新しい建物に建替えるとほぼ同レベルの収入が期待できます。同じスペックで建てれば、同じ収入の物件が建物代だけの新品で手に入ると考えられるわけで、それが「23区投資の出口」ともいえるでしょう。それに複数棟あれば、順番に建替える選択肢も広がります。

また、売却についても検討できます。私の場合、すでに最初に買った区分所有マンションは売ってしまいました。2番目に買った若林の一棟についても、「買った値段と同じくらいなら売ってもいい」と言ってあります。川崎の物件は3年程度保有してから売る予定ですが、それ以外の23区の物件は、順次同じスペックの新築に建替えていくつもりです。

原則フローで運営し、キャピタルゲインは期待しない

目標とする3億円の規模の物件は、原則15年から20年で借入れ金を返済するように、フローの家賃収入でしっかり借入れ金を返済する仕組みを組み立てます。とはいえ、以下の条件を満たすのは容易ではないでしょう。なおこの時点で、会社員を早急に辞める選択はありません。

・給料からの持ち出しはしない。つまり、完全に給料会計と不動産会計は分ける。
・もし物件から収入があれば、それは不動産へ再投資する。
・融資の返済期間は20年以内にする。

このような条件を満たす物件は前にも述べたように頻度の差はあれ、不動産の局地的な

ボラタリティ（変動性）が原因で必ず出現します。

ここで、購入後に数年で売却して返済が進んだ分を現金化して、再度レバレッジを利かせてより高額な不動産を購入し、資産増加を加速する方法もあります。

しかし、問題は入れ替え後の不動産の質（利回りや積算価格等）を同等に維持することと、その時点の融資環境が当初の購入時と同等以上であることが前提です。

そのような場合のキャピタルゲインは、あくまでも「運」と考えるべきだと思います。

私は、１９９７年から10年程度は新規の融資が受けられなかったトラウマもあり、このような手法は結果的に取らず、元金の返済減の分は、担保余力として次の融資の共同担保として利用することにして、コンスタントに買い増す手法を取りました。

その結果、それほど急激な資産の増加はできていません。25年で資産約25億円、負債控除後の純資産が25年前の数千万から現在は約６～９億円への増加です。無理なくコンスタントに（ドル・コスト平均法的な不動産購入で）やって、ようやくこの程度です。言葉を変えていえば、「地道にコツコツと買い増す」ということになります。

ドル・コスト平均法的な不動産投資を続ける――地道にコツコツと買い増す

個別的な理由から不動産を手放したい、手放さなければならない状況に陥った人は、数は少ないものの、どんな時代でもいます。むしろ、それが不動産投資の魅力の一つともいえるでしょう。

このことから全体的な景気、不動産の平均的な価格の動向などばかりに目を向けていると、物件選びは失敗すると私は思っています。

局地的なボラタリティは、何もしがらみが多い地方物件だけに限った話ではありません。23区内であっても「事業を失敗したから資産整理が必要」「相続が発生して、今なら相続人がいるので早く売りたい」というニーズは必ず出るものです。

実際、3年前に購入した練馬区の物件は、正に後者の例が当てはまるケースでした。3人の共有名義になっており、「今のうちなら3人が顔を突き合わせられるけど、次の世代になってしまえば売れなくなってしまうので処分したい」というものでした。

確かに現状で3人であれば、次の代になれば10人近くに増える可能性もあります。それを考えれば、早めに売ってしまおうと考えるのも納得です。

そういうわけなので、私はバブル後やリーマンショックなど、よほどの経済ショック後でない限り、投資に値し、かつ融資が受けられ買える収益不動産は、チェックし続けていれば必ず出てくると考えています。私の25年の経験もそれを証明しています。

ただ、その頻度は月1件の場合もあれば、年1件ということもあります。そもそも、融資がなければ不動産を購入できない、私のようなエンドユーザーの不動産投資家が、底値で物件を買えるわけはありません。

例えば、不動産価格が非常に低かった、1990年の終盤から2000年代に入った直後には、事業用の不動産を購入できていません。別のところで述べたようにこのころは日本中の不動産がほぼ底値でした。

不動産の書籍で、直ぐに誰でも上手くいくようなことを言っている著者の大半は、何らかの理由でこのころに上手く参入できた人たちです。多分不動産の市況がやや上がり始め、融資が復活し始めたようなタイミングでうまく不動産投資を始めたのです。

とはいえ、彼らのような幸運がなくても、長期にわたり、コンスタントに条件に合う不動産を買い続けるのは、不動産投資のドル・コスト平均法のようなもので、その中に良いものが必ず含まれ、長期的には利益が出るという考え方でいます。

例えば、１９９６年に購入した世田谷区北烏山の物件は、千歳烏山が京王線の準特急の停車駅になって新宿駅まで12分になってからは、稼働率はほぼ１００％です。賃料も築古になったため購入時に比べれば低下したものの、再度上昇傾向にあります。しかも隣駅の仙川がおしゃれな街に生まれ変わり、調布も再開発されているので、今後さらなる期待ができます。

また、２００７年に購入した旗竿地に建つ八幡山の再建築不可の物件も、その後旗竿部分に隣接する土地（畦畔）が2年後に購入できたため、現状では再建築可能な１００坪の土地を持つ物件となりました。

東五反田の物件を２０１０年に購入しましたが、ここも当時は１７８㎡の土地付きで利回り９％、１億４５００万円でした。五反田駅からも徒歩10分の距離にありますし、品川駅へも徒歩10分程度です。

購入当時はリニアモーターカー品川駅の話もありませんでしたし、高輪ゲートウェイ周辺の再開発の話も全くありませんでした。しかもこの物件は立地を生かして一部を購入時には想定していなかった民泊として運用しているので、現時点の利回りは10・３％です。今売ったら利回り換算でも、最低でも2億円台の後半はいくのではないでしょうか。

購入した2010年はリーマンショック直後でもあり、融資自体は相当に厳しい時代でした。

私が投資エリアを東京23区内に絞る理由

私は投資エリアをほぼ東京「23区」に絞っています。その理由を以下に述べます。

出口戦略が容易なこと

その第1の理由は、23区内の物件なら「売れないことは絶対ない」と思っているからです。金額を落とせば（利回りを上げれば）、必ず買い手は見つかると考えているからです。

私が実際に売却したことのある不動産は、最初に購入した港区のワンルームの区分所有マンションと相続した横浜の実家（土地）だけで、両方とも2000万円もしなかったので実証してはいないのですが。

よく不動産投資の書籍やネット記事では「出口戦略が重要」と書かれています。しかし、20年後の出口戦略を緻密にかつ正しく考えられるのは現実的ではありません。そのため私は、「いざとなったら、価格を下げれば必ず売れる」と大まかに考えて、23区の物件を選んでいました。

さらに不動産は流動性が低いわけですが、23区の物件だと、そのリスクがかなり排除できます。急いで換金する場合でも、もちろん翌日には売れるものではありませんが、想定利回り9～10％相当の価格にすれば短期間で売れる安心感があります。地方だったら、利回り何％にしたら確実に換金できるのか読みづらいのが現状です。

自分の資産を評価するときも、23区の物件なので利回り9～10％とすれば、それなりの期間で売却できると考えられます。その利回り基準の単純な収益還元価格を基に、毎年定期的に借入れ金残高を引いた純資産評価をしています。

今後の人口動静

第2の理由は、今後の人口動静です。

私が不動産投資を始めた1994年当時は、「日本が劇的なスピードで人口減少を迎える」とは誰も予想していませんでした。しかし、今後の日本の縮小が明確になったいま、かつてとは比較できないほどエリア選定が重要になっています。そのなかで23区であれば、今後20~30年は一部を除いて人口が横ばいです。

その観点からは、私が23区で持っている現状の立地では、借入れ金が順次返済された段階で、少なくとも同じスペックの建物を建てれば、同等の収入があると予想できます。

現在は建築費が上がってしまいましたが、23区の立地で、土地が無料の状態であれば、私がかつて中古の土地付きとして購入した価格以下で、建物は建てられる蓋然性《がいぜんせい》は高いと思います。

さらに新築であれば25年程度のローンを組んでも問題ないので、キャッシュフローは現状の状態から悪化することはないはずです。

これはどういうことなのかというと、少なくとも23区であれば今後20~30年は、私の中古の建物を使った不動産事業は借入れ金返済状況に応じて、順次新築に建替えても、サスティナブルではあります。

つまり、子どもに事業として引き継いでも、同じ建物を順繰りに新しくしていけば、同じことが、当面30年程度できるのではと推測します。

ただし実際には、建替えに当たっては、日本の法律では弱者として守られている賃借人

図7　都道府県別人口の推移

(1,000人)

順位	平成27年(2015)		平成42年(2030)		平成57年(2045)	
	全　国	127,095	全　国	119,125	全　国	106,421
1	東京都	13,515	東京都	13,883	東京都	13,607
2	神奈川県	9,126	神奈川県	8,933	神奈川県	8,313
3	大阪府	8,839	大阪府	8,262	大阪府	7,335
4	愛知県	7,483	愛知県	7,359	愛知県	6,899
5	埼玉県	7,267	埼玉県	7,076	埼玉県	6,525
⋮	⋮	⋮	⋮	⋮	⋮	⋮
43	福井県	787	福井県	710	山梨県	599
44	徳島県	756	徳島県	651	徳島県	535
45	高知県	728	島根県	615	島根県	529
46	島根県	694	高知県	614	高知県	498
47	鳥取県	573	鳥取県	516	鳥取県	449

出典：国立社会保障・人口問題研究所「日本の地域別将来推計人口」
http://www.ipss.go.jp/pp-shicyoson/j/shicyoson18/1kouhyo/gaiyo.pdf

を退去させなければならないので、それなりの期間やコストがかかることは大きなリスク要因でもありますが。

その場合は、それなりの利回りで売って、新規の物件に入れ替えることも代替手段になります。それができるのが23区の立地であると思います。

土地勘があること

第3の理由は、不動産はローカルな商品なので、土地勘のあるところで事業をするべきだと考えているからです。

例えば、私は東京暮らしが長いので、東京なら六本木、北千住等場所を言われればどんな地域かだいたい見当がつきますし、すぐに物件を見に行けます。

私は大学生まで横浜に住んでいたからわかりますが、「住みたい街、横浜！」などとよく言われていますが、いわゆる横浜ブランドを体現している「本当の意味での横浜」とは、西区や中区などの一部に過ぎません。このようなことは住んでいたりして土地勘がないとなかなかわかりにくいものです。

実際、私も東千葉駅の物件を見に行ったことがあります。東千葉駅は千葉駅の隣駅ですので、千葉市のような都会を想像していました。しかし、実際に行ったところ、その様相は全く異なりました。ただの郊外の住宅街だったのです。このように大宮でも千葉でも、どこでも等しく賃貸需要があるわけではありません。

例えば、最近買い付けを入れた台東区の物件も、周辺のイメージが良いとはいえませんが、重要な入居が付くかどうかはわかります。

ところが、これが大阪だと「キタ」とか「ミナミ」と言われても全く見当がつきませんし、「西成区」といわれても、どこがドヤ街なのかイメージがわきません。

不動産の価値は「稼ぐ力」で決まるわけです。「松涛」などブランドで選ぶのではなく、不動産で事業するのなら「投資に対してどれだけの収益が見込めるのか？」をしっかりと見極められる場所ですべきです。

運営が効率的であること

第4の理由は、物件の運営を考えると23区だと効率がよく、集中するとさらに効率が上がるからです。

23区で買うと、建物の大きさや土地の広さはそんなに大きくなりません。

例えば、私が購入した川崎の物件は、練馬の物件よりも収入が1・5倍あるものの、建物の大きさは3倍近くあります。これが地方の物件だと、さらに規模の大きな物件になってしまいます。

その結果、何が起こるのかといえば共用部のメンテナンス費用や原状回復費用の、間接費の割合が高くなり、運営費が上昇してしまうことになります。

私は、不動産投資の場合、物件が100万円でも1000万円でも1億円でも10億円でも、一つの物件に対してかかる手間はそれほど変わらないと思っていました。しかし、それは川崎の物件には通用しなかったのです。

私の川崎にある物件は想定賃料が約310万円／月ですが、建物の延べ床面積は約2400㎡もあり、共用部の電気代が月に10万円もかかります。清掃はシルバー人材センターに依頼して月6万円です。

一方、似たようなファミリー物件ですが、23区にある練馬の物件は想定賃料約200万円／月ですが、建物の延べ床面積は1000㎡です。共用部の電気代は月に2万円です。清掃は同じくシルバー人材センターに依頼して月2万円で済みます。

月々の運営コストは、川崎が16万／310万円＝約0・5％で、練馬は4万／200万円＝約0・2％です。2倍以上の違いがあるのです。川崎の物件はエレベータがあるのでさらに差は広がります。溝の口からバス便の物件でこうなのですから、地方の物件だとさらに大きな差が出ると思います。

原状回復費でいえば、60㎡程度のファミリー向けの間取りであれば、ルームクリーニング費用を含めると、表装の更新だけですぐ20～30万円程度は出てしまいます。

一方、家賃としては川崎の物件は8万円程度で、練馬の物件は13～14万円です。家賃に対してはこれも2倍近くの差になるのです。これらを総合すると運営費は23区の物件が収入に対して15％程度であるのに比べて、川崎の物件は20％程度になると想定しています。

さらに川崎の物件では敷地の植木を手入れするだけで30万円かかります。だから「植木などは全て抜いたほうがいい」といわれています。多くの地主は費用対効果を考えずに、必ず植木を植えてしまうのですが、木があろうがなかろうが多くの場合、家賃は変わりません。

実際、練馬の物件では1年前に全ての植木を抜いてしまいました。コストは15万円でしたが、その後の稼働率や家賃が低下したことは全くありませんでした。

大事なのは、あくまで「より多く稼いでもらうためには、どういう設備が必要なのか？」です。植栽によって素晴らしい景観がアピールできて、家賃が1万円上がるなら実践してもいいですが、それが単なる自己満足なら意味がありません。むしろメンテナンス費用で足を引っ張るだけなのです。

私のように23区という狭いエリアに物件を集中させれば、管理や運営の手間はさらにかかりません。

ただし、東京23区集中の最大のリスクは、東京を襲う大地震ですが、地震保険は全て入ったうえで、それで対応できないときは日本国と運命を共にすると考え、それ以上のことが起こった場合は「運命」とあきらめています。

賃料の動向

最後の理由は、23区の物件は賃料が最近は上昇傾向にあることです。このことは今後ずっと続く保証はありませんが、上昇傾向が続くような警鐘を鳴らしている記事もあります。

図8 東京23区の家賃上昇

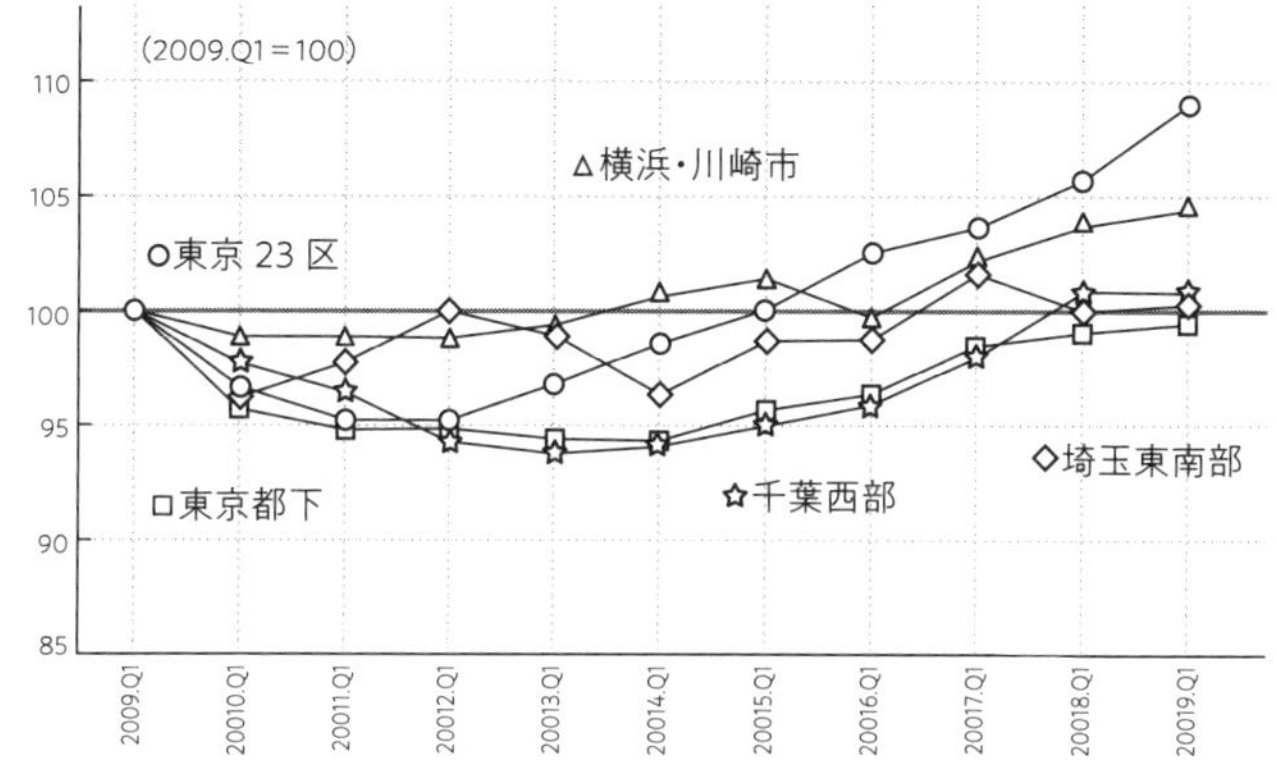

出典：アットホーム株式会社「マンション賃料インデックス公表資料2019年第2四半期」
https://www.athome.co.jp/contents/chintai/report/m_index_kohyo1909.pdf

実際、私の23区の物件の家賃が上昇傾向にあるのです。それがわかったのは、ここ1～2年の私の23区の居住用の物件の稼働率が、ほぼ100％なのです。

その原因は、私は賃料が右肩下がりの時代でしか不動産経営をしたことがなかったので、過去に入退去があった場合には、新規の賃料は下げても上げることがなかったために、近隣の物件に比べて相対的に賃料が数千円ほど安くなっていたのです。

何かのセミナーで、「東京の家賃は周辺の神奈川県や埼玉県に比べて強含みである」と聞いたので、入退去があった場合は仲介業者に、「相場より高い賃料をとれるとは思わないが、相場通りの賃料を提案してください」と要望したところ、多くの物件で数千円程度の高い賃料を提案してきました。

そしてデータを見ると、この数年間で東京23区の家賃は上昇しているのです。私の物件の経験では、特に都心に近い東五反田や深川の物件が顕著です。

訳あり物件だからこその高利回り

私はフルローンやオーバーローンが当たり前のように受けられた時代はおかしいと思っていました。「いかに良い物件を買うか」ではなくて、「いかに融資がつくか」のみを気にして物件をよく確認していなかった結果、利益の上がらない物件を買って失敗してしまったサラリーマン投資家が続出しているように見受けられます。

融資は確かに最も重要です。私のような投資家は融資がないと物件は買えません。なお、今は融資が厳しいタイミングで既存不適格（建設時は合法だったものが現行法では違法建築となってしまった物件）や旧耐震基準（1981年以前に竣工された建物）は、現在はなかなか融資を受けることができません。

しかし融資がつきにくいからこそ、相場よりも安く買えるチャンスがあるわけです。高利回り物件には、高利回りでなければ売れない理由があるのです。そのなかで自分のノウハウで乗り越えられる物件を買うのがコツです。

これは当たり前の話ですが、１００％完璧な物件は高くて低収益です。そして逆に、何らかの理由がある物件が高利回りなのです。大切なのはその何らかの「理由」が何かなのです。大規模修繕が必要な物件、再建築不可な物件、畦畔の物件など様々です。

しかしどんな理由であれ、購入後に自分でその負の要素を改善できるのであれば、リスクではなくなります。そもそも「不動産に１００％はない」と考えるべきです。

そして、その負の要素（問題）をリカバーしやすいのが木造であり、23区なのです。23区であれば、再建築不可でも既存不適格でも需要はあるのです。再建築不可の物件であってもリフォームを行うことで物件の商品化は可能です。

さらに私のように運があれば旗竿地の竿部分の隣接地を買うことによって、再建築可能にもできます。

確かに融資を受ける点でもハードルは高いですが、高収益物件を買えるチャンスが大きくなります。

ですから、値段が安かったり利回りが高かったりする理由を把握して、自身で解決できるチャンスがあるのであれば、購入を検討しましょう。もし売り急ぎなど大した理由でなければ即買いましょう。それなりのリスクであっても、自分でコントロールできる、乗り越えられると思ったのなら購入すべきなのです。

【事例】私が買った訳あり物件

私が買った、訳あり物件は以下の通りです。

1つ目の物件は、4章のコラムで詳細に述べた2007年11月に購入した八幡山の木造アパート2棟（1978年と1995年築）です。旗竿地で再建築不可だったため、7650万円で土地が100坪付き、利回りは11%を超えていました。この物件は、幅2・8メートルの竿状の土地に沿って、隣との敷地との間に90センチの畦畔がありました。

そしてその半分の45センチについては、私に払い下げてもらう権利があり、10~20年のスパンでは、手に入れることができるはずで、そうすれば再建築可能な土地になると思ったから買ったのです。結局2年後に45センチではなくて90センチの畦畔が入手でき、再建築可能な土地になりました。

２つ目の物件は、２０１９年5月に購入した、川崎市の縄縮み物件です。確定測量を終えれば適格物件になりますが、現状の公簿上では不適格物件です。

３つ目の物件は、１９９９年に買った自宅用の土地です。この土地が安かったのは時期的なものだけではなく、他にも理由があったのです。ちょっと長くなりますが、あまりない例で参考になると思うので次にそれを詳しく述べます。

理由の1つ目は、旗竿地の竿部分の問題です。この土地は、旗竿地でなおかつ幅４メートルの竿状の土地の1／3しか所有権を持っていなかったのです。

ただし、残りの２／３を1／3ずつ所有している隣接宅地の所有者から、その２／３の敷地の通行・掘削許可書がついていたので、建築確認は取れる土地だったのですが、無条件で建物が建つ土地ではないのです。

通行・掘削許可書は第三者に継承する旨も記載されていましたが、このような土地は、金融機関によっては担保に取りません。特に融資が絞られているときには、金融機関が担保に取らないすなわち、貸さない理由にするのです。実際に購入した１９９９年以降何度か共担に提供しようとしましたが、結局融資状況が好転する２００７年まで共担に取る金融機関はありませんでした。

さらにこの竿状の路地は階段状だったため、車が乗り入れることができませんでした。そのため近隣のビルの地下に駐車場を借りており、そのコストが月約３万円です。

理由の２つ目は、擁壁の問題です。土地の竿状の路地の反対側が高さ４メートル程度の擁壁（私の土地が低い位置で、擁壁の下側）で、比較的新しいので構造物の確認申請書は出していたものの、検査済みでなかったのです。

こうなると、厳密にいえば、擁壁の上端部から45度の線を引いた下の部分には、ＲＣ等の堅固な建物しか建てられません。またややこしいことに擁壁のある土地は港区で、その下の私の土地は品川区です。

私は木造の輸入住宅を建てたかったので、仲介業者にまず港区に聞きに行ってもらったところ、「港区でそんなことを言い始めたら家が建たないので、木造の家屋を建てても問題はない」とのことでしたが、肝心の建築確認申請を出す先の品川区に聞きに行ってもらったところ、「擁壁の上端部から45度の線を引いた下の部分には、ＲＣ等の堅固な建物しか建てられません」との答えでした。

この2つの理由があり、果たして本当に家が建つか心配だったので、事前にRC造の建物の建築確認申請書を出してもらい、それが許可されたのを確認してから購入しました。

土地購入後、やはり木造の輸入住宅を建てたかったので、私が直接品川区の建築課に乗り込み、交渉をしたところ、建築確認申請書の許可に最終的な責任を持つ品川区の建築主事と直接話ができて、「問題の擁壁は構造物の確認申請書もちゃんと出ており、工事中の写真もそれなりに見せてもらったので、きちんとした擁壁と認められます」との見解を貰いました。

このため、地中にある擁壁の下端部から45度の線を引いた部分の下方だけに建物を作らねばよいとなり、作る予定だった地下室の擁壁よりの部分の1mくらいが底部が斜めに切り欠かれる程度の影響で済むことになりました。

1999年12月の土地取得から約1年半かかりましたが、2000年5月に最終的に地上2階、地下1階付きの約240㎡の2×6の輸入住宅が無事竣工しました。

この件と世田谷区の畦畔の払い下げの件で共通しているのは、おそらく責任問題になるので、区の職員は、業者には杓子定規に対応しますが、区に税金を払っている住民に対しては、そうではないのです。

自宅の土地については、他にもありました。更地で買ったので、買った翌年の2000

年にはかなり高額な約124万円の固定資産税の課税がありましたが、課税通知書の中の土地の固定資産税評価額を見たところ、なんと実際の購入価格7800万円よりも2割以上も高い、9781万7460円になっていたのです。

まず都税事務所に、「固定資産税評価額は公示価格の7割程度であるはずなので、この固定資産税評価額では、国のガイドライン的な公示価格が1億3972万円となり、実際の売買価格7800万円の約1・8倍になってしまう。

公示価格は通常実勢価格と同程度かより低いはずなので、この固定資産税評価額は高すぎることになる」と、契約書等を提出して異議を申し立てたところ、8607万9360円に約12％程度の減額をしてくれました。

それだけ安く買ったわけですが、まだそれでも購入価格より高く納得できなかったので、知事から独立した、行政委員会である東京都固定資産税評価審査委員会に異議の申し立てをしました。

何度かの口頭意見陳述や意見書や反論書の提出を経て、1年後に異議申し立ては却下されました。いい経験にはなりました。

このように条件の悪い土地でも、品川駅から10分で、山手線の内側という立地を考えると、いざという場合は最低でも路線価程度では売れると思っています。

大半の地主が没落していく理由――それは頭が悪いから

往々にして、旧来思考の地主は不動産からの収益を生活費に充ててしまいます。また、「大家さん！」と持ち上げられることが当然の時代に生きてきたため、本来であれば客商売であるはずの不動産事業を営んでいる感覚が乏しいことも多く見受けられます。そのため、事業用不動産をきちんとメンテナンスできていないケースもあります。

私は、不動産投資は客商売の事業だと思っています。

1億円くらいまでの物件なら借金で身ぐるみを剥がされることもなく投資の範囲でできる気もしますが、3億円を超えてくると、失敗すれば自己破産が待っている事業レベルになります。自分でできることは自分で対処したり、細かいコスト削減をしたり、稼働率を上げるための工夫を凝らさなければいけません。

首都圏周辺の地主の多くは元お百姓さんですが、なぜ百姓になったのでしょうか。

それは「百姓しかすることがなかったから」です。言葉は悪いですが、多くの地主は頭が悪いため百姓から抜け出せなかった血筋なのです。それが突然、太平洋戦争後のＧＨＱの農地解放で土地を（田畑として）無料でもらったのです。このような人、またはその子どもたちが、世田谷周辺にはいまだに数多くいます。

言ってみれば、日本の富裕層の大部分を占める地主層の多くは、はっきり言って頭が悪いのです。これは、地主対象の不動産会社のセミナーに行くとよくわかります。本を30分読めばわかるような、こんなことは不動産事業をする際には当然わかっているべき基本的なことを半日とか、1日かけて説明しているのです。それを彼らが理解しているのかすら疑問ですが……。

だからこそ大東建託のようなビジネスが成立するのです。こんな人たちが日本の富裕層の多くを占める地主だと知ると愕然とします。

一方で土地を取られてしまった側の、古くからの地主層である庄屋は、私の高校の同級生の開業医の家がそうですが、子どもが医者になったり、巣立たせたりして賢い傾向があります。

太平洋戦争後のＧＨＱの農地解放からもう70年以上経ちます。その恩恵を受けて地主になった人も、不動産を大方2代目、3代目に継承しています。

1代目で土地を売払わずアパートなど収益不動産を建てキープしていた地主は、たぶん、百姓の中でも頭がいいほうだったのでしょう。しかし、2代目、3代目になって状況は良くなっているのでしょうか。

私の経験からはそうは思いません。逆に、誰でもどこでもアパートを建てれば儲かった時代から、不動産事業は、立地の優劣やお客様商売の事業としての取り組み等が結果を左右する真っ当な事業に変わっているのです。

現在は、土地を持っていることが必ずしも自動的にアドバンテージにはなりません。相続した土地に縛られている地主にとっては、その土地の立地によっては、逆にそのタダの土地が足を引っ張ることもあります。

言ってみれば土地を持っていてそこにアパートを建てれば、頭が悪くてもだれでも簡単に儲かった時代から、考えながらちゃんと事業を展開しないと成功しない時代になっているのです。

私はそこに、我々のビジネスチャンスがあると考えています。

ちなみに、私は、小学校から大学まで横浜の内陸部に住んでいたのですが、小学校時代その周辺は宅地開発ブームで、同級生に地主の息子がいて、農地を売って裕福なうえに敷地内に何棟ものアパートを持っていました。

何年か前に実家へ帰った際に、その敷地の前を通ったところ、当時のアパートはなく、何戸かの新築の戸建てが販売中でした。金持ちの地主の息子だった同級生がどうなったのかはわかりません。

【事例】地主の頭の悪さを逆手に取りビジネスチャンスを得る—川崎市宮前区物件

今年の5月、私が購入した川崎市宮前区の物件も、所有者の地主がそのような状態でした。長くなりますが以下に詳細を紹介します。

その物件は、建築確認申請書では土地が約1200㎡あるのですが、登記簿上では約900㎡しかありませんでした。物件概要書では「不適格物件」（既存不適格）となっていました。

物件は東名高速道路の脇にあったのですが、私はそれを国道246号と思い違いをして、勝手に道路拡張により土地が小さくなってしまったのだろうと勘違いしていました。

私は横浜の内陸部出身なので、田園都市線に沿っている国道２４６号線が１９９０年代に長い間、拡幅やバイパス工事をしていたのを知っていたせいです。

さらに、金融機関によっては、既存不適格になった理由が、「敷地を道路に提供した」等の明確な理由があれば融資が出ることがあるので、敷地のどの部分が減って（道路への提供により）既存不適格になったのかを確認しようと思い、公図を比べてみました。公図を見ていると「そんなに小さいはずがないのに……おかしいな？」と感じたのです。

公図の縮尺はほぼ正確に書かれてありますが、周辺の区画（地番）の㎡数から考えると、真ん中の一番大きな区画（地番）が、公簿上の面積に比べて、公図を見た感じが異様に大きいのです。後から述べるように、実測が公簿に比べて1・5倍の広さがある区画（地番）だったので、これほど差があれば瞬時に違和感を覚えます。

そこでまず公図に定規を当てて、周辺の区画（地番）の面積をベースに、真ん中の一番大きい区画（地番）の周囲の長さを推定して面積を計算したところ、約1・5倍の相違がある結論になりました。

次に、法務局に登記してある実測図を見たところ、周辺の区画（地番）は実測されていたものの、一番大きい区画（地番）の面積は、元のさらに大きい区画（地番）から、周辺の区画（地番）の実測値を引き算で計算されていました。

さらに、登記簿を取り寄せて調べたところ、一番大きい区画（地番）はもともと約4000㎡程度の山林を切り売りして、最後の残った地番だったことがわかりました。切り売りした周辺部の区画（地番）は売却のために実測していたのですが、最後に残った中央部の一番大きい区画（地番）は実測していなかったのです。その結果約4000㎡の山林の面積の誤差が約600㎡の土地に全て集まってしまったのです。

約4000㎡の山林の面積が、例えば1割違っていたとすると、400㎡にもなります。それが公簿上約600㎡の土地に集積してしまっているので、実測すれば約900㎡ある土地が約600㎡になっていました。その事実を現在の地主は知らなかったのです。約4000㎡の土地の「縄伸び」が、中央部の一番大きい区画（地番）の約900㎡の土地に集積していたわけです。

本当に広大な土地を所有し続けている古くからの地主は、「土地は小さいほうがいい」と思っています。理由はシンプルで、税金を安くしたいからです。もともと土地にかかる税金は、昔の地租の由来なので税金は面積に比例します。現在の固定資産税も、土地については面積に比例します。

今回の土地についても、そのようなことを考えて土地を小さく見せたかったのかもしれません。

　ポイントは、現在の地主は相続後の2代目だったことです。先代は相続税を留意して土地を小さめにしたのかもしれませんが、2代目にその意志が伝わっていなかった可能性があります。

　親は「土地は小さい方がいい」と思ってやったのかもしれませんが、相続した子どもがその背景を理解していないのなら元も子もありません。

　それというのも、その約600㎡の土地にかかる固定資産税は年間でわずか28万円です。現時点の年間想定満室家賃収入約3900万円の0・1％以下であり、仮にこれが1・5倍になったとしても42万円です。「そのお金を節約するために……」と考えると、はっきり言って愚かです。

　さらに言えば、当時の建築確認申請書を見ると、周辺の区画（地番）を含んだより大きい宅地について、宅地造成の申請も同時に出されており、建築確認申請対象の敷地の周辺の区画（地番）を切り売りしても、建築確認申請対象の敷地は、約1200㎡が残るように記載されています。

　土地の持ち主がこんな基本的な書類も見ていないのです。もしかすると、建築確認申請書を見ても理解できない地主なのかもしれませんが。

結局、5億円で売りに出されていたものを私が不適格物件だと言うことで買い叩いて3億6000万円、利回り約11％で契約しました。

私は、契約後すぐに測量を依頼して実測図を作成し、金融機関に提出しました。それを使って融資を引き出し、結果的に購入できたのです。現在、敷地については確定測量中です。2020年の固定資産税額が確定した後に、公簿の修正を行う予定です。


今回のような件は、私が不動産投資をしている25年間でも初めてのことであり、きっかけが私の勘違いであったことも含め、とても幸運だったと思います。

重要なことは、そのような「運」を掴むにも、それなりのリテラシーが必要だということです。すなわち、公図を見て違和感を持ち、その違和感の理由を追求する気になり、その理由を追及できる能力が必要なのです。

大げさに言えば、現状の情報や他人の言うことをそのまま受け入れるのではなく、必要に応じて疑い、自分の頭で考えることでしょうか。簡単ではありませんが、私の経験からすれば、東大卒レベルの知的能力を持ってすれば誰にでもできると思います。

さらに私が言いたいことは、これは、地主の中には自分の土地の広さすら把握していないリテラシーを持つ人がいる実例の一つなのです。

変化する融資状況

融資の移り変わりの話をすると、最初の区分所有のワンルームマンションは住宅ローンで購入しました。30㎡くらいで、金利が低い当時の三菱銀行（現三菱ＵＦＪ銀行）から融資を受けました。

２つ目の若林の物件は第一勧業銀行（現在のみずほ銀行）から、３つ目の江戸川区東小松川の物件は日本生命から借りました。昔は生命保険会社が個人所有の不動産に融資をしていたのです。

４つ目の千歳烏山の物件は富士銀行で借りました。

ただし融資期間は、若林の物件が20年、東小松川の物件が15年、千歳烏山の物件も15年で、すべて10年間の期間選択の固定金利としました。これらは全て残債がある程度減ったところで借換えをしました。

２００７年に事業用物件の購入を再開してから購入した、最初の板橋区の区分所有は横浜銀行から融資を受けています。このころは金利上昇のリスクがまだ頭に残っていましたし、かつサラリーマン稼業に影響を与えぬよう20年全期間の固定にしました。

私は20年の全期間固定を選んでしまいましたが、金利上昇のリスクを避けるためには融資期間が15年間なら10年固定しておけばいいでしょう。このようにすると金利変動のリスクはほぼ無くなるからです。すなわち10年後には残債がほぼ3分の1になるので、こうなってしまえば金利が2倍、3倍になったとしても返済額に大きな影響はありません。

また、固定金利のほうが事業計画も立てやすいメリットがあります。少なくとも私は3〜5年先まではキャッシュフローを考えているので、それが変動金利だと、その計算が崩れるリスクがあります。

再開した4棟目からは次のようになっています。

再開1棟目の２００７年に購入した板橋区向原の物件が横浜銀行。再開2棟目の２００７年に購入した八幡山が再建築不可の物件、再開３つ目の２００８年に購入した一番町のマンションも区分所有だったので三井住友トラスト・ローン＆ファイナンス（旧ライフ住宅ローン）でした。

なお、２０１０年に購入した東五反田の物件は、芝信用金庫から融資を受けています。物件価格は1億４５００万円で、その前に初期に購入した物件の融資を借換えしていたこともあり、頭金２０００万円で借りられました。

この融資は、後で述べるように芝信用金庫はその後の新規の融資がなかったため、2019年に購入した川崎宮前区の物件と同時にあすか信用組合に借換えています。

そして、その次が2011年の深川の物件です。このときも三井住友トラスト・ローン&ファイナンスで借りました。東日本大震災が起きた年で、私の年収は1900万円ほどありました。

しかし真っ当な物件であるにも関わらず、三井住友トラスト・ローン&ファイナンス以外はどこも融資をしてくれませんでした。そういう意味で、この金融機関は借りられないときの救世主だと思います。

金利は高く（現時点で1本約2500万円を借りていますが、その金利は変動で3.9%）、さらに借入れ時の手数料が2%、早期返済の手数料が1.5%かかります。

このため、キャッシュが十分回っている物件でなければ借入れは適当ではありません。使い道は選ぶべきと思います。深川の物件の借入れは、その後に東日本銀行で借換えを行い、最終的にはさわやか信用金庫に借換えています。

私は以前に早期返済の手数料がほぼ0になったことがあります。一番町と八幡山の物件で、購入して何カ月か後に他の金融機関に借換えをしました。

すると毎月の金利と借入れ時と早期返済の手数料の合計が、全て金利換算されるようで、法令上の上限金利である年18％を超えてしまうことになったのです。その結果、早期返済の手数料がほぼ0になりました。

いずれにせよ何処から貸してもらわなければ、私のような人間には物件の購入ができません。「貸してもらってなんぼ」の世界です。

融資が閉まっているときは良い物件が多いときで、逆に融資が開いているときは良い物件が少ないときです。

よく、金融機関は「晴れている日に傘を貸し、雨が降っているときには傘を貸さない」と揶揄されますが、付き合うべきは多少金利が高くとも、多くの金融機関が融資を絞っているときにこそ貸してくれる金融機関だといえます。

また、2013年に購入した池袋の物件は、さわやか信用金庫から初めて融資を受けました。その後は信用金庫、信用組合を多く使っています。2016年に購入した中村北の物件もさわやか信用金庫、2017年に購入した中葛西の物件もさわやか信用金庫です。

2018年に購入した南砂の物件は西武信用金庫、2019年に購入した川崎宮前区の物件はあすか信用組合から借りています。私のような個人は、メガバンク等の銀行より、地域密着型の信用金庫や信用組合等の金融機関が向いているのは間違いないようです。

私の経験から融資に対する姿勢は、時期や支店、担当者により異なるので、私くらいの規模になると、できるだけ複数の金融機関とお付き合いできるよう心掛けています。偉そうに言えば、金融機関同士で競争していただく環境になるようにしています。例えば２０１９年12月末現在の融資残高は、さわやか信用金庫が約８億円、あすか信用組合が約５億円、西武信用金庫が約２億円、そして悪質な横浜銀行が約１億円、残り数千万円がみずほ銀行、政策金融公庫等の他の金融機関という状況です。

私の不動産事業の内容が、ある程度の規模の地主レベルになってきたからこそ言えるのかも知れません。

いかに融資を受け続けるか

３億円規模を目指すには、融資を継続的に受けなければ到達不可能です。その意味ではいい物件を探すと同時に、融資をとにかく「受けること」が最重要になります。融資基準は「物件評価」が第１ですが、「個人属性」も重要です。

融資は、東大卒で一流企業に勤めているような高属性の人間に対しては開く可能性は高くなりますが、どれだけ高くなるかは時期によって異なります。

私が初めて融資を受けた25年前は、サラリーマンが不動産投資をするなんて考えられない時代でしたが、今はそれが珍しくなくなっているので、東大卒のメリットを使えるのであれば、最大限活用すべきです。

現在は融資が開いている時期ではありません。数年前まではスルガ銀行などが高年収であれば誰でも融資をしているような時代もありましたが、今はスルガ銀行事件のせいで厳しい状況です。

融資状況は必ず浮き沈みがあるものです。特に信用金庫や地方銀行は不動産融資がなくなったら経営が成り立ちませんので、現状のほとぼりが冷めたころ融資に積極的になっていくはずです。

しかし、この原稿を執筆している2019年10月から半年後くらいまでは、融資は厳しい状況のままだと思います。

それでも、1~3年後というスパンで考えるのなら、東大卒で高給な人であれば融資を組める時代がやってくるかもしれません。

そのとき気をつけたいのは銀行の開拓です。

2、3年前まで、スルガ銀行と組んでいた業者が提携ローンをもってくる流れはありましたが、今では自分で新規で融資先を開拓するのが多いのではないでしょうか。

銀行側も業者が連れてくる人よりも、融資実績のある人からの紹介できた人のほうが自分で収支を計算したり、事業計画を立てられたりするので、望ましいと思っています。特に融資が絞られている時は、闇雲に銀行にアタックするのは得策とはいえず、やはり紹介がいいのではないでしょうか。

実際に銀行員が言っていることで、飛び込みで来た人でも稟議の際に紹介に書き換えることも聞いています。そのほうが社内稟議が通りやすくなるからでしょう。実際、最近では私も2018年の江東区南砂の物件への融資をしてくれた西武信用金庫は、一番町の投資家からの紹介でした。

それに加えて、不動産事業の実績や融資実績があれば、現在でも融資をしてくれる銀行はあります。感覚値ですが、10行のうち8行が閉まっていて、開いているのは2行のイメージです。

私も融資先の開拓は25年間かなり自身で行ってきましたが、そんな実感です。

繰り返しになりますが、融資はできるだけ自分で工夫することが重要です。

業者がパッケージ化している融資は、そもそも利益が出る計算をされておらず、かつその人の与信限度いっぱいまで使い切ろうとするので、泥沼にはめられてしまいます。その対象が時代によって区分マンションであったり、かぼちゃの馬車だったりするわけです。業者がお膳立てしてくれたローンの場合は、そうした裏がある可能性が高いと考えるべきです。

特に今の時流は、自分できちんと動いて融資先を開拓することが求められています。銀行としても金融リテラシーがない人にお金を貸すのはリスクだからです。

銀行ではＮＧ業者リストを持っていると聞いています。過去に悪質なことをした業者の情報が蓄積されているので、中途半端な業者から購入しようとすると、融資で躓く可能性は十分にあります。

借換えで収支改善する際に気を付けること

借換えで金利を低下させ、収支を改善したことは過去何度もあります。特に金融機関は新規融資に比べて借換えの場合はハードルが低いので、不適格物件でなければ、例えば当初は金利が高いノンバンク系の金融機関で借りても、のちに金利の低い金融機関に借換えることはできますし、ぜひやるべきです。私もこれは何度かやっています。

特に、序章にある第1期に取得した物件の融資は金利が比較的高かったのと、第1期以降9年間新規の融資がなかなか受けられなかったため、既に受けていた融資について借換え等のメンテナンスを積極的に取り組んでいました。その結果､金利が高い融資について、金利が低い芝信用金庫や東日本銀行等に借換えました。

その際は、借換えの際の登記費用や手数料を考慮に入れるのは当然です。

しかし、さらに重要なのは、目先の金利低下の程度も重要ですが、次の物件に融資してくれる金融機関かどうかです。実際、芝信用金庫や東日本銀行は借換えで金利低下による収支改善効果は確かにあったのですが、それらの金融機関ではその後新規物件への融資がなかったため現在は、さらに他の金融機関に借換えてしまいました。

前章でも述べた通り、規模を拡大する時期では融資を受け続けることが第一なのですから。

例えば、第1期に買った、世田谷区若林、江戸川区東小松川、世田谷区北烏山の融資はその後金利の低い芝信用金庫に借換えました。

しかし、芝信用金庫は2010年に購入した品川区東五反田の物件以降、新規の物件に一切融資しなかったため、2019年にあすか信用組合に借換えました。

この借換えでは、金利はほぼ同じだったうえに、変動金利になってしまったのですが、目的は、2019年に購入した川崎宮前区の物件の担保不足を補うことと、今後の新規融資を期待してのことです。

また、2011年に購入した深川の物件の三井住友トラスト・ローン&ファイナンスの融資は、その後一旦、金利が低い東日本銀行に借換えました。その後東日本銀行は、積算評価の基準が厳しいこともあり、新規の物件に一切融資しなかったため、2017年に中葛西の物件購入に合わせて、さわやか信用金庫に借換えてしまいました。

最近、さらに次のようなことがありました。

現在、法人の口座を作るのは非常に大変なのですが、新規に作った法人の口座を作ろうとした際、多少の便宜を計ってくれた三菱UFJ銀行から借換えの提案がありました。

今、さわやか信用金庫に個人で約8億円を借りているのですが、「当行で借換えませんか」と言われたのです。そこで検討してもらったところ、物件の積算評価や収益還元による評価は大丈夫だったのですが、融資期間が延びません。

三菱ＵＦＪ銀行は融資期間を法定耐用年数で考えるので、うまく運用されている高利回り物件でも築古だとアウトになってしまいます。「この物件とこの物件は収益も十分で積算も出るのですが、法定耐用年数を超えているので借入れ金を割り付けられません」となるわけです。

りそな銀行も同じで、別の物件の融資をお願いしたとき「あなたのように高経年の木造物件を持っている方には融資できません」と断られてしまいました。当該の融資とは直接関係ない、私の他の物件のことを気にしてもらう必要はないのですが。

このような基準だと、築古の場合はＲＣの物件のみが融資に乗ることになってしまいます。

さらには三菱ＵＦＪ銀行が法定耐用年数ベースで融資期間を設定する一方、さわやか信用金庫は50年から築年数を引いた期間で融資期間を設定していたので、三菱ＵＦＪ銀行に借換えると、返済期間がＲＣ造の物件では自動的に3年短くなってしまいます。

そうすると、今の返済比率48％が70％に跳ね上がってしまう計算になりました。結局この借換えは実行しませんでした。

金利的には、15年程度の期間が短い融資なら10年の期間固定で「金利０・６％を出します」ということでしたが、今さわやか信用金庫からの平均借入れ金利が1・25％なので、０・６％

の金利に低下しても大した利益になりません。

具体的にいうと、8億円の融資に対する金利が0・6％下がったとして、利息は年間480万円の減少です。利息は経費なので、税金を考慮すると240万円程度の収入増加にしかなりません。

その程度の収入増加なら新規にいい物件を購入できれば十分実現できます。今回の場合は三菱ＵＦＪ銀行の融資基準が使えないので借換えを結果的に断念しましたが、この基準では新規の物件の融資も困難なことが想定されます。

このように考えると税引き後毎年240万円収入増加を実現できないとしても、次の物件に融資してくれる金融機関のほうがいいわけです。

さらに、三菱ＵＦＪ銀行と同様の検討をみずほ銀行にもしてもらっています。ただし、借換えが可能であった場合でも、借換えのみを行うつもりはありません。

次の物件を購入する際に、最近の2物件に融資していないさわやか信用金庫が頑張ってくれるようにプレッシャーをかけるとともに、さわやか信用金庫が頑張ってくれない場合の選択肢を準備しているのです。

三菱ＵＦＪ銀行からアプローチがあったことも、プレッシャーという意味でさわやか信用金庫に伝えてあります。私も偉くなったものです。

大家コミュニティで得るもの

今、多くの大家コミュニティがあります。私の場合、大家コミュニティに参加しようと思ってきたものの、群れるのが嫌いなため、結局一度も所属していません。しかし、大家業をやっていると、サラリーマン時代と比べて人と接する時間が圧倒的に少なくなるので、その気持ちも理解できます。

数千円といった実費程度の勉強会から、数十万円といった会費のかかる高額塾まで様々です。聞きかじりですが、安価で参加できるのは、地場の大家が運営している会で、高額塾は講師について学ぶトップダウン型が多いようです。

また、コミュニティの役割として、モチベーションを維持することも挙げられるでしょう。サラリーマン大家で群れているケースはよく見かけますが、あれはモチベーションを維持、もしくは高めたいからでしょう。

例えば買い付けを何度出しても購入ができなかったり、修繕費が想定外に高額だったり、トラブルで入居者から詰められたりなど、心が折れそうになるときは誰でもあります。

そんなときに誰か話せる相手がいると、話すだけでスッキリするものです。もちろん、話をしただけでは問題は解決しませんが、話すことで気が楽になったり、思考がクリアになります。

30代40代のサラリーマン大家だと、家庭も仕事も忙しいですし、話せる相手はほぼいなくて、奥さんに話せば逆に心配させてしまいます。それが大家仲間であれば励ましてくれ、解決策を教えてくれるのかもしれません。

ですから、コミュニティの使い方としては、お金をたくさん払って何か学ぶよりも、情報共有やモチベーションの維持を目的にするのがいいのではないでしょうか。

そして一番メリットがあると思えるのは、融資のための紹介です。属性の使い方、金融機関の間口の開き方など、個人で全てフォローするのは難しいので、コミュニティなどで情報交換するのが有益だといえるでしょう。実際、コミュニティの運営者から融資の紹介を受けて購入している人は結構いるようです。

ただし、コミュニティに属するといっても、あくまで他人任せにせず自分で動くことが大前提です。特に融資では、その考え方が肝となります。融資は同じ銀行でも支店によって考え方が違ったりしますし、担当者レベルで違うケースも珍しくありません。

兼業でいる限り生活費はサラリーマンの金銭感覚で

ある程度の規模を運営するようになると、金銭感覚が変わる人がいます。修繕費で50万円、100万円は珍しくありません。

そこで大事なのは、生活費についてはサラリーマンの金銭感覚を捨てないことです。

例えば私の場合、毎月の修繕費は100万円で年間1000万円以上、固定資産税も年間1000万円です。事業規模を知っていれば特段驚くことではありませんが、シンプルに金額だけ聞くと、ほとんどのサラリーマンが驚くでしょう。

しかし、事業としてそのレベルになったとしても、サラリーマンの金銭感覚を保っていかないと、やはりダメだと思います。

なぜなら、私のやり方では、サラリーマンと兼業である限りにおいては、生活費はサラリーマンとしての収入で賄うことを原則とすべきと考えているからです。さらに、不動産貸業は他の事業と違い、収入が投資金額に対してはせいぜい10％で、その中から経費を払わなければいけないような薄利多売の事業だと考えているからです。

サラリーマンの金銭感覚の例としては、ポイントに対するノウハウです。実は、これだけで本を書けるほどだと自負しているのですが、1例だけ紹介します。

東京23区の不動産が有利な点の一つであるのですが、東京都の固定資産税や不動産取得税はクレジットカードで納付できるのです。

その場合には、0・73％＋消費税＝0・803％の手数料がかかります。私は、もう新規発行は停止されているようですが、ポイントが2％分還元されるカードを持っているので、固定資産税のクレジットカード払いで、差引1・197％のポイントが貯まるのです。

国税もクレジットカードで納付できるのです。その場合には、0・76％＋消費税＝0・836％の手数料がかかります。つまり、差引1・166％のポイントが貯まるのです。ポイント還元が1％ではうまみがないのですが、私の場合は、年間の固定資産税の支払いだけで約1000万円、国税も同程度あるので、かなりのポイントになります。

ちなみに、2019年10末までの当該カードの使用金額は、1880万4637円でした。実質的な獲得ポイントは、計算していただくと分かるようにバカにならない額です。

また、ポイントに対する課税については、個人については一時所得、法人については経費に戻す（減らす）となるようですが、一時所得は年間50万円の控除もあるので、現状では実質的には課税されないと考えてもいいと思います。

政府も消費税10％化に伴い、ポイント還元を行っていますが、そのポイントに対して課税をしたら、国民の反発は必至です。このことから私は当面、ポイントに対する厳しい課税はないと踏んでいます。

また、家族で旅行をする機会が多ければ、マイルで貯めるという選択肢もあります。JALの場合、国内の特典航空券は15000マイルで交換できるので、150万円の税金をカードで払う、すなわち手数料の約12000円で、国内の往復航空券が手に入るのです。

今年、購入した川崎市宮前区の物件については、川崎市への固定資産税はクレジットカードで払えるようですが、残念ながら不動産取得税の支払先は神奈川県となり、神奈川県税はクレジットカード払いが不可です。ただし、LINE PAYで支払えるようなので方法を検討中です。

自分でできることは自分でやる

私は世の中に簡単にお金が稼げる方法があるとは思っていません。そのため自分でできることは自分でやるべきです。

例えば、確定申告です。これを税理士に頼めば何十万円もかかります。しかし、東大卒のレベルであれば確定申告など簡単です。

私の父親は旧制中学しか出ていませんでしたが、自分の家作について、自分で確定申告をしていました。私も不動産投資を始めてから25年以上自分で確定申告をしています。副次的な効果としてこれを自分でやると税金に対するリテラシーが高まります。

これは国税当局には不都合なことになりますが、源泉徴収＋年末調整のワールドで生きている通常のサラリーマンに比べて、税金に対する意識が格段に上がります。

どうすれば控除を多くとれるのか、どうすれば課税所得を少なくできるのかが実感としてわかるようになります。

個人の消費税の申告も自分でやっているのですが、この過程で日本の税制の基本がよくわかりました。

日本の税務当局にとって優先順位が高いのは公平性より、税金徴収でのコストパフォーマンスなのです。その意味では源泉徴収制度＋年末調整がその最大のものですが、消費税についてもそれは同様です。

まず消費税の課税所得が1０００万円以下なら、消費税を収める必要がないのです。手間のかかる割に税収が少ない事業者は切り捨てているのです。

次に、毎年の消費税の集計の時にわかるのですが、それぞれの商品に消費税が含まれ、売り上げた商品一件ごとに消費税のデータが会計ソフトには入力されています。

ところが、国に支払うべき消費税は、それを足し算すればいいと思うのですが、消費税の申告書では、消費税抜きの価格を合計した後それに8％なり10％なりをかけて、納付するべき消費税を計算するのです。

すなわち、一品ごとの物についているはずの消費税を足し合わせることをせずに、事業者ごとにどんぶりで再計算するのです。一つ一つの商品に付随している消費税をインボイス等で追うより効率がいいのです。

このことが何を意味するのかというと、ある品物について売った側の消費税と、買った側の消費税が違っても構わないのです。つまり公平ではないのです。これがどういう結果になるかはここでは述べませんが、ある場合は非常に大きな結果を導くのです。

税金徴収でのコスト優先は国税だけでなく、地方自治体が徴収している住民税の徴収でも同じです。

源泉徴収時に住民税の徴収を会社に任せるのが「普通徴収」で、課税通知書を地方自治体が発行して直接住民に送り、住民が自ら銀行等で支払うのが「特別徴収」なのです。徴収を自ら行なわないのが住民税の徴収でも「普通」なのです。

その他、初めのころはルームクリーニングなども、丸1日かけて自分でしていました。

ただし、現在はコストパフォーマンスが悪いので、ルームクリーニングは専門業者にお願いしていますが。

それでも自分でルームクリーニングをやった経験があると、いいことは業者さんにやってもらっているルームクリーニングの仕上りも自分の目でチェックできることです。

また電球などの消耗品の交換や、簡単なＤＩＹ程度のリフォームも自分でやるべきです。これは今でも続けています。

例えば、部屋の価値を上げるため、通常のインターホンをモニター付きのインターホンに変える場合ですが、リフォーム業者に頼むとすぐ3万円くらいかかってしまいます。

ところがこれを自分でやれば、モニター付きのインターホンはインターネットで買うと約1万円です。自分で交換工事をやってみれば簡単で20分もあれば終わります。

さらにインターホンをインターネットで買うとポイントも付くのです。これをコストパフォーマンスがいいと思うのは、サラリーマンの金銭感覚をなくしていない証拠だと思います。

法人化による税金の低減について

自分で確定申告をやっていると実感としてわかるのですが、累進税率をとっている所得税については重税感があります。

特にサラリーマン兼業で不動産投資をしていると、給与所得の上に不動産所得が乗ってくるのでその感が強くなります。課税所得が大きくなればなるほど累進課税ではない一律税率の法人税が有利になります。

中小法人の実効税率については、所得金額が800万円までが23・2%、800万円超が33・6%となっています。

個人の所得税は所得金額が330万円を超えると20%になり、住民税10%を加えると合計30%になるので、論理的にはその時点で、税率上は法人化が有利となります。

ただし、所得税は所得が900万円までは合計33%の税率なので、そんなに大きな差はありません。

また、法人化すると経費に計上できることが増える一方で、法人は設立にも費用がかかり、利益が出なくても一定の維持コストもかかります。法人化を検討するタイミングや手法は、自分でよく本などを読んで勉強して決めてください。

個人的には、資産3億円、表面収入3000万円程度では微妙だと思います。実際、私がサブリースの法人を設立したのは、第2期の投資を開始した2007年です。法人による所有まで踏み込んだのは2018年からです。

さらに気をつけなければいけないのは、法人と個人は別物なので、たとえ法人の所有者や社長であっても、法人に残したお金は、個人が自由に使えるわけではないのです。

法人のお金を個人に還流する仕組みもしっかり考えなければいけません。給与で還流する場合は、所得がない家族に給与を支払うのなら節税効果はありますが、そもそも給与所得があるサラリーマンに給与を支払う場合は、給与所得控除程度が有利になるだけの上に、最近は給与所得控除の上限まで設定されてしまいました。

配当で還流するのは、配当は、原則的に給与所得等の他の所得と合算して総合課税されるので、税率上意味がありません。論理的には、税率が低くて優遇されている退職所得で還流する仕組みがベストだとは思います。私も仕組みは作ったものの、実施まではまだ不十分な段階です。

フロー収入をベースにした居住用途以外の不動産投資

初期の頃は融資を受けるためにも、安定性を考えても居住用途の物件を選ぶ必要が出てきますが、さすがに資産規模が3億円を超えると、確実に事業と見なされるようになるので、杓子定規に安定性を求めるのではなく、自分なりの道が歩めるようになります。

例えば、私は会社をリタイアする年に1棟空きビルを買いました。こうなると完全に事業案件であり、ライバルはかなり少なくなります。第4章で述べた通り、ライバルが減れば減るほど安く買えるようになります。

また、大手企業が手を出すわけでもなく、かといって個人投資家では買えない、ちょうどその中間のゾーンを狙えるようになります。私が不動産投資を始めた当時は、そのゾーンが1億円超でしたが、少しずつそのレベルが上がってきていて3億円くらいになっているように感じます。

つまり、3億円をクリアしていくと、買える物件の幅がぐんと広がりますし、金融機関との付き合い方、リスクの取り組み方も変わります。簡単にいえば、「見える世界が変わる」のです。そうなると、より利益が取りやすくなり、東大卒という頭脳をフルに発揮できる道が見出せたりもします。

違うパターンとして、これは4章のコラムで述べた「キャピタルゲインを狙う手法」なのですが、付き合いのある投資家がやはり東大卒で、ボストンコンサルティングを早期に卒業した方がいました。

彼は再開発が行われる地域のマンションの何室かを安い頃に購入し、当面はフローで運用していますが、最終的には建替えでマンションの価値を上げ、キャピタルゲインを狙うのです。1戸しか所有していなくても、理事会に入り込んで建替えや再開発組合への加入などを推し進めています。

区分所有建物の建替えプロジェクトは、それなりの期間を要します。また、自分自身だけでは決められないので、理事会という世論を動かすようなことをしなければなりません。しかし彼はそういうことに長けています。いろんな人間を巻き込んで多数派工作をするのが得意なのです。

私もこのパターンの区分マンションを2カ所、2戸所有していますが、1戸は建替え実施まではこぎつけたものの、キャピタルゲインを獲得する結果までは出ていません。

おわりに

最後までお読みいただきましてありがとうございます。

本書では、人のことを悪く言ったり、見下げたような表現もしてしまいました。ただし、本文でも述べたように、日本ではそうしたことをするほうが「バカ」なのです。客観的に本書をみれば、サラリーマンとして失敗した人間の「負け犬の遠吠え」に過ぎません。本書を読み終えて、もし気分を害した方がいらっしゃったら、そう憐れんでご容赦ください。

私自身、不動産投資でそこそこの成功を収めてはいますが、世の中で結果を左右するのは、ほぼ運です。これは特に東大生へ伝えたいのですが「努力をすれば必ず結果が出る！」というのは、せいぜいが大学入試まででです。

日本経済新聞の「私の履歴書」に、大企業でトップまで上り詰めた人たちが「私はこんな努力を積み重ねてきたから成功しました」などと書いています。しかし実際はその程度の努力は世の中の多くの人がしているのです。

努力を積んだから偉くなったわけではなくて、同じような努力をしたたくさんの人間の中で、運良くたまたま偉くなっただけなのです。ただし、そのような努力すらしない人は運も掴めないのも事実です。


私の場合でいえば、たまたま叔母が事業用の不動産を持っていたため、投資額の大きさや借金をすることに対してあまりとらわれずに、ニュートラルに考えることができた結果、不動産投資に参入できたわけです。そして、その後は地道にコツコツと実績を積み重ねただけのことです。

私の不動産投資参入のタイミングが、バブル崩壊後のそれなりの時期だったことも、幸運でした。

これらの運を逃さなかったからこそ、私は不愉快な現実を乗り越えられたのです。

不動産投資は本書で述べたように、借金という「他人のお金」でレバレッジをかけることで、安定的なリターンを得られます。くわえて東大卒というポテンシャルを生かせるチャンスがあります。

少し昔を振り返らせてください。私は高校時代に化学部に所属していました。そこには同級生で優秀な人間が何人かいました。

そのうちM君は東大の理Ⅲに、N君は横浜市立大学の医学部に。K君は私と一緒に東大の理Ⅰに入りました。N君は現在、某大学の医学部で教授をしています。この中で私が最も優秀だと思っていたのがK君で、その通り彼は応用物理学科に進学しました。

10年程前に高校の同窓会があり、久しぶりにK君と再会しました。彼は東大を卒業後にソニーへ就職したのですが、その時は筑波大学の研究生になっていると言っていました。彼がソニーを退職した経緯は聞きませんでしたが、それを自分の境遇と重ね合わせ、日本企業の人材の活かし方はそんなものだろうなと相当落ち込みました。

その一方、親の金の力で私立の医学部に進学して（当時は偏差値が50程度の私立の医学部がまだ存在していました）開業医をしている、高校時代は大して優秀でもなかった同級生の威勢がよかったのです。そのような現実に、非常に不条理な感情を抱いたことも、この本を書いた背景にあります。

くわえて、世の中の東大卒の人間を配偶者に持つ女性にお願いがあります。

本書は長男が読むことを念頭に執筆しましたので、そのような方が読者にいる可能性は限りなく低いのですが……。頭のいい人間は、いろんな意味で変わっているものです。変わっているからこそ頭がいいのです。だから是非、それを認めて許してください。

「私の気持ちを察してくれない」、そう思うのであれば、言葉で気持ちを伝えてください。多くの場合、面と向かって言ってくれないと理解できない人間なのです。そんな人間でも言葉にしてくれれば理解ができます。そうすれば、お互いに幸せに暮らせるのではないでしょうか。

最後に、原稿の校正を手伝ってくれた長男に感謝して筆をおきます。

令和元年12月吉日　中村　拓也

profile

中村　拓也　（ペンネーム）

神奈川県生まれ。
神奈川県立湘南高等学校卒業。
東京大学理科Ⅰ類入学、工学部産業機械工学科卒業。
東証一部上場企業に入社し、33年間勤務後、2017年に定年退職する。

30代より不動産投資をはじめ、サラリーマン時代は10億円超の投資を行う。
退社してからも不動産投資家として主に東京都内の案件を中心に投資を展開し、家賃収入年間2億円超のメガ投資家として現在も活動中。
家族　妻・子ども一男一女
好きなもの　ジョギング・人のあげ足をとること・ポイントを貯めること
嫌いなもの　群れること・バカな上司

東大生を待ち受ける不愉快な現実とそれを乗り越えるために必要なこと

2019年12月31日初版発行
著　　者　中村　拓也
発 行 人　大西　京子
発 行 元　とりい書房　第二編集部
〒164-0013　東京都中野区弥生町2-13-9
TEL 03-5351-5990　FAX 03-5351-5991
編集協力　布施　ゆき
製　　作　井出　敬子
印　　刷　音羽印刷株式会社

乱丁・落丁本等がありましたらお取り替えいたします。

C0033
ISBN978-4-86334-115-9